마음은
생각을 담는
그릇

해성스님

백산출판사

마음은 생각을 담는 그릇

2024년 9월 20일 초판 1쇄 발행

지은이 해성스님(방정숙)
펴낸이 진욱상
펴낸곳 백산출판사
교　정 박시내
본문디자인 신화정
표지디자인 오정은

등　록 1974년 1월 9일 제406-1974-000001호
주　소 경기도 파주시 회동길 370(백산빌딩 3층)
전　화 02-914-1621(代)
팩　스 031-955-9911
이메일 edit@ibaeksan.kr
홈페이지 www.ibaeksan.kr

ISBN 979-11-6639-480-5　03040
값 15,000원

축사

마음을 깨우는 손짓 향기

눈길 닫는 곳마다 미소가 넘치고

손짓 가는 곳마다 자비의 향기

연꽃처럼 진흙의 공덕을 펼치고

보현의 행원을 실현하는 수행자

해성스님은 장애인들의 도반이요, 어버이 같은 자비 복지 보살이다. 듣지 못하는 도반에게는 손짓으로 보여 주고, 보지 못하는 도반에게는 점자로 함께 하며 마음을 깨우쳐 준다. 항상 부처님을 믿고 부처님의 가르침을 마음에 새기며 수행하여 스스로 아름다운 연꽃 미소를 짓게 한다.

오랜 시간 장애인 재활사업을 이끌면서 그들의 생활을 돕고, 그들의 아픔을 보듬어 주고 다독거려 주는 대자대비 관세음보살의 원력을 실천하는 보살행자다.

해성스님은 고요히 마음을 깨우는 시를 짓고 노래하며 연꽃 같은 향기를 구름에 싣고 냇물에 꽃잎을 띄우듯이 투쟁뇌고(鬪爭惱苦)의 어둡고 번거로운 사회를 정화하는 문화인이다. 부처님의 가르침을 언어의 방편으로 묘사하여 보는 이나 듣는 이의 마음에 감동을 일으키고 얼굴에 밝은 미소를 짓게 하는 힐링의 노래다.

해성스님의 밝은 마음에는 언제든지 아름다운 미소가 환하게 피어날 것이다.

2024년 입춘절에 동국대학교 명예교수

동국대학교 법인 전 이사장 법산 합장

인사말

삶의 소리를 글로 표현하는 것은 자연과 모든 대상을 마음으로 상상하고 즐기는 여행입니다. 순수한 본래의 마음을 찾기를 발원하며 마음을 글로 남기게 되었습니다. 사유의 순간 인생의 소리를 만나면서 우리 모두 서로의 행복을 나누는 소중한 시간 만들고 싶었습니다.

우리들은 행복하게 살기를 원하면서도 자신의 마음을 다스리지 못해 고통스러워하는 모습을 자주 접하게 됩니다. 행복을 만드는 것은 거대한 힘이 아닌 나의 작은 마음이 만드는 것입니다. 항상 좋은 생각, 좋은 말, 좋은 일들이 나를 행복하게 만드는 요소가 되고 나와 하나가 되어 세상을 아름답게 만들어 가는 기틀이 됩니다.

마음의 행복과 평화를 만들기 위해서는 자비심이 근본

입니다. 자비는 부모님의 사랑 중에 어머니의 사랑을 생각한다면 쉽게 알 수 있다고 생각합니다. 저도 그동안 느끼지 못했던 어머니의 사랑에 감사의 꽃을 피우기 위해 노력하고 있습니다.

"마음은 생각을 담는 그릇"은 2021년 1월부터 2024년 1월 21일까지 "네이버 골프 타임스" 문학 코너 '해성스님의 소리의 향기'에 기고한 글과 시간 날 때마다 써두었던 글을 모아 간행하게 되었습니다.

언제나 자애로운 미소로 고달픈 장애인들의 쓰리고 아픈 마음을 위로하며 행복의 등불을 밝혀주시는 관세음의 화신이신 법산 큰스님! 장애인들의 눈과 귀를 열어 주시며 세상을 아름답게 살아가라는 쉼 없는 진리의 향기로 보듬어 주시는 법산 큰스님께서 축사를 올려주셔서 큰 영광으로 생각합니다.

백산출판사 진욱상 대표님께서 꼭 필요한 행복의 마음을 영원히 간직하여 모두가 행복할 수 있도록 책을 간행해 주셔서 깊이 감사드립니다.

아울러 아름다운 선의 미묘로 마음을 돌아볼 수 있도록 그림을 그려주시고 멋진 책이 나올 수 있도록 편집 교정해 주신 한솔님께도 감사드립니다.

저는 앞으로도 감사에 보답하기 위하여 진솔한 삶의 영혼을 찾아 다양한 감성의 소리를 글로 표현하기 위하여 더욱 열심히 정진하겠습니다.

불기 2568년 갑진년 9월 광림사 해성 합장

1부 마음의 평화, 행복한 세상
평화로운 미소

2부

사회복지와 효

사랑과 미움은 하나

3부 | 인생과 삶

인생지사 새옹지마

4부

자연

물처럼 바람처럼

1부

마음의 평화, 행복한 세상

평화로운 미소

좋은 생각은 자신을 평화롭게 하여

나와 너를 하나로 만들고

세상을 아름답게 만들어 가는 기틀이 된다.

마음은 생각을 담는 그릇

1

"모든 일은 마음이 근본이다. 마음에서 나와 마음으로 이루어진다. 맑고 순수한 마음을 가지고 말하거나 행동하면 즐거움이 그를 따른다. 그림자가 그 주인을 따르는 것과 같다."

『법구경』의 말씀이다. 불자들은 경전을 독송하고 기도를 시작할 때 구업(口業)을 깨끗이 하는 "정구업진언(淨口業眞言) 수리수리 마하수리 수수리 사바하"를 한다. 입으로 지은 죄를 참회하고 자신이 한 말에 대한 책임을 지며, 항상 바른말 좋은 말만 하겠다는 부처님과 자신과의 약속이다.

처음 출가했을 때 은사 스님들께서 말씀하시기를 "구

화지문(口禍之門)이라." 병은 입으로 들어오고 화는 입에서 나오니 항상 말조심할 것을 가르쳐주셨다. 또 '입' 지키기를 병마개 닫듯이 하라는 말씀도 해주셨다. 말은 꼭 필요할 때만 하고 침묵을 지키라는 깊은 의미였다. 아무리 착한 일을 하여 많은 공덕을 쌓아놓고 경솔한 말 한마디로 인해 그 공덕을 무너뜨리는 경우도 흔히 볼 수 있다.

또한 말은 생각(존재의 집)을 담는 그릇과 같다고 한다. 우리들의 생각이 맑고 고요하면 말도 맑고 고요하게 나온다. 세상만사(世上萬事) 모든 것은 행동이 앞서는 것이 아니라, 말이 먼저 앞서는 것이기에 흥과 흠이 일어난다. 타인에게 애써 타일러주려고 하지 않아도 열린 마음으로 남의 말을 경청하며 부드러운 말을 한다면, 곁에 늘 사람들이 머물게 된다.

지금 이 순간부터 만나는 사람마다 '반갑습니다', '고맙습니다', '감사합니다' 인사를 하면서 미소 담은 상냥한 말을 한다면 서로 활력이 되고 기분 좋은 순간이 될 것이다. 말 한마디에 천 냥 빚을 갚는다는 속담에서도 말의 중요성이 나타난다.

자신을 겸허하게 낮추어 평지와 같은 마음으로 부드럽고 상냥한 말을 갖추고 대화한다면 어느 사이 울타리도 벽도 없는 행복한 삶을 열어갈 것이다.

습관을 따라가는 우리들의 인생

2

인생은 어느 누구도 스스로를 책임질 수 없다. 삶을 살면서 우리는 수많은 가르침과 충고, 경책과 사랑 속에서도 잘못된 길로 가면서 좋은 기회를 놓치게 된다. 자신의 잘잘못에 대한 책임은 온전히 자신의 몫이다.

『유교경(遺敎經)』에 "나는 의사와 같아 병을 알고 약을 말하는 것이니 먹고 안 먹는 것은 의사의 허물이 아니다." 라고 했다. 인생의 수레바퀴는 마음과 습관과 행동에 따라 굴러간다. 각자 마음에 필요한 습관 중에서 부정적인 생각을 과감하게 버리고 긍정적인 에너지를 채워야 한다.

불자들은 절에 오면 부처님 전에 간절히 기도하고 땀을 흘리며 108배는 물론이고 1,000배도 신심을 내어 기쁘게 절을 한다. 기도를 통해 자신의 마음을 다스렸다면 일상생활에서도 그 마음을 행동으로 보여줄 수 있어야 한다.

자신이 추구하는 일이 잘 풀리지 않는다고 우울하고 고통이라 생각하며 현실이 힘든 시간일 뿐이라는 부정적인 생각으로 비참해지지 말아야 한다. 밤이 지나야 새벽이 오고 겨울이 지나야 봄이 오듯 고통 뒤에는 항상 좋은 일이 기다리고 있다는 긍정적인 얼굴과 마음으로 바꾸는 습관이 필요하다.

힘에 겨워도 긍정이란 단어와 문장으로 '나는 태어날 때부터 소중하고 충분히 아름다운 사람'이라는 신념을 갖고 자신을 다독여 주는 것도 불안 해소에 좋은 방법이다. 단시간에 효과가 나타나지는 않지만, 부정적인 감정에서 벗어나 새로운 미래를 만들 수 있다.

우리가 방송에서 흔히 볼 수 있는 뛰어난 운동선수들이 시합할 때, 자기가 가진 힘과 기술보다 더 많은 실력을 발휘하는 방법은 바로 좋은 추억과 행복했던 기억을 떠올리는 것이라고 한다. 이처럼 자신이 지금 가지고 있는 습관이 맞지 않는다고 생각하는 것에서 지금 하고 있는 것들에 맞는 새로운 습관에 맞추도록 계획과 목표를 세부적으로 정해 스스로 점검해야 한다.

무슨 일이든 하지 않을 핑계는 한없이 많다. 추워서, 더워서, 바빠서, 시간이 안 맞아서 등등. 핑계를 습관으로 삼는다면 계획은 흐지부지되기 십상이다. 하지만 매일 짧은 시간만이라도 약속을 지킨다면 결국은 거대한 성과로 돌아온다는 사실을 기억해야 한다.

그렇다고 누구에게나 똑같이 대단한 평가로 돌아오지는 않겠지만 노력하는 것에 대한 대가(代價), 거창하지 않더라도 매일 핑계라는 습관에 흔들리지 않는다면 그 대가는 착실하게 쌓이는 것을 확인하게 될 것이다.

『법구경』의 말씀이다.

"신념과 자각의 향상에 의해서
그리고 자기 절제와 극기에 의해서
저 생각이 깊은 사람은
그 자신의 영혼을 위해서 섬을 만든다.
무지의 홍수가 덮칠 수 없는
저 안정한 섬을 만든다."

부처님의 지혜와 배울 수 있는 주위 사람들의 충고, 자신이 갖출 수 있는 것들은 충분히 받아들이고 실천해야 하는 사람은 바로 당신 자신이다.

모두 서로 사랑하라

3

시간이 흐르면 흐를수록 문명이 발전할수록 더 아름답고, 더 맛있고, 더 신기한 것들이 많아질수록 극복하지 못하는 질병들과 무서운 오폐수로 인해 점점 강한 기후 변화가 몰려오는 것은 인간들을 좀 더 겸손하게 만들어 주려고 하는 것이라고 생각도 해본다.

예나 지금이나 모든 생명체는 혼자서 살아갈 수 없고, 앞으로도 더불어서 함께 살아야만 하는 세상이라는 것을 더욱 실감한다. 사람에게는 항상 이웃이 있고 이웃들과 함께 사회를 이루며 공동체의 삶을 영위한다.

불교에서는 이웃과 공동체적 사회를 구현하는 것을 바탕으로 이웃과 내가 한 몸이란 사실을 인식해야 한다고 가르친다. 그리고 이웃과 함께하는 동체 대비 정신으로 자(慈) · 비(悲) · 희(喜) · 사(捨)의 사상을 실천할 것을 항상 전해왔다.

여기서 자비희사란 남을 사랑하는 마음, 남을 측은하게 여기는 마음, 남의 좋은 일은 함께 좋아하는 마음, 남에게 준 마음을 기억하지 않는 마음을 가리킨다.

자(慈)는 자애를 말하며 사랑과 우정을 이웃과 함께하며 사랑이 가득 넘치는 마음으로 대하는 것을 말한다.

비(悲)는 슬퍼하는 마음으로 이웃과 세상이 힘든 지경에 놓여 있음을 보고 슬픔을 품는 것이다. 고통이 가득한 세계에서 함께 나누는 연민으로, 아픔과 고통 뒤에 찾아오는 행복이란 참으로 감개무량한 일이다.

희(喜)는 이웃이 행복해하는 모습을 보고 함께 기뻐하고 괴로워하는 이웃에게 즐거움을 안겨 주어 그들이 기뻐하는 모습을 보고 함께 좋아하는 마음이다.

사(捨)는 나 혼자라는 입장과 견해를 떠나 치우침 없이 평정심을 잘 유지하는 것이다. 평정심으로 한없이 따뜻한 사랑과 기쁜 마음으로 세상을 대하면서도 스스로는 그 마음에 휘둘리지 않고 담담하게 평정을 유지하는 것을 말한다.

자기희생은 이해관계를 버려야만 행할 수 있다. 오직 남을 위한 삶을 살겠다는 자비의 마음이 있어야만 가능하다. 자비희사는 곧 모두가 한 몸이니 내 몸같이 사랑하라는 뜻으로 생명의 귀중함을 일깨워 준다.

무더운 여름이지만 크든 작든 가까운 이웃들에게 자비희사 사상을 실천하며 시원한 일상을, 행복을 나누는 즐거운 날이기를 기원해 본다.

서로 믿고 의지하는 친구

4

길가에 흩날리는 낙엽을 바라보니 오랜 시간 잊었던 옛 친구들이 그리워진다. 어릴 적, 잎이 떨어지면 고운 단풍잎을 골라서 콧노래를 부르며 책갈피에 넣고 책을 누르고 있던 것도 생각이 난다.

방학에 못 보던 선생님께나 친구들에게 편지를 쓰면서 책갈피에 말린 단풍잎 하나씩 편지 속에 넣고 미소 지으며 소식을 전했다. 또 그 소식이 언제 오는지 손가락으로 날짜를 세면서 답장을 기다리던 생각이 새록새록 떠오른다.

어릴 적 친구들은 지금 어디서 무엇을 하고 있을까. 그리운 마음에 페이스북에 시 한 편 올리며 옛 모습을 상상했는데, 그 옛 친구가 댓글을 달고 너무도 반가워하며 만나고 싶다고 한다. 나는 하던 일을 잠시 내려놓고 어릴 적 편지를 주고받던 친구를 만나 많은 대화를 나누었다.

손안에 들고 다니던 스마트폰이 오랫동안 만나지 못한 어릴 적 그리운 친구들도 만나게 해 주니 참으로 고맙고, 또 좋은 세상에 살고 있는 것을 실감하는 순간이었다.

친구란 서로 믿고 의지하며 좋은 일, 궂은일에 함께 웃고 울 수 있는 그런 사이다. 함께 있지 않아도 서로를 걱정하고 칭찬하며 행복을 찾아 주고, 불행과 어려움을 보듬어주기도 하는 관계다. 또 친구는 자존심 때문에 가족들에게 말할 수 없는 나 자신의 힘든 사정도 터놓고 대화할 수 있는 든든한 의지처가 되고, 이런 친구들이 있기에 마음 편하고 어깨가 으쓱할 정도로 힘이 되기에 큰 기쁨이 되는 것이다.

하지만 겉으로는 친구인 체하면서 속으로 시기하고 질투하며 헐뜯으려는 사람도 많다. 이는 결국 이웃의 불행을 자기 행복으로 착각하는 이들이다.

불교에 입문하여 처음에 배우는 공부가 보조국사의 『초발심자경문』이다. 처음 발심한 사람은 나쁜 벗을 멀리하고 어질고 착한 이를 가까이하라고 하셨다.

"지혜로운 이를 만나는 것은 축복이니
그의 곁에 살면서
진정한 행복을 찾도록 하라.
하지만
어리석은 자를 만나지 않음은
기쁨이다.
영원한 기쁨이다."

친구란 늘 가까이할 기회가 있기에 안개 속에서 자신도 모르게 옷이 젖듯이, 자신이 원하든 원하지 않든지 친구의 영향을 받게 되는 것이다. 그래서 유유상종(類類相從)이라, 사람은 끼리끼리 어울린다는 말이 있다.

부처님께서 말씀하시기를 "나그넷길에서 자기보다 뛰어나거나 비슷한 사람을 만나지 못했거든 차라리 혼자서 갈 것이지, 어리석은 자와 길벗이 되지 말라(최초의 불경 『숫타니파타』 중; 무쏘의 뿔처럼 혼자서 가라)."라고 하셨다.

친구 간에는 자신이 원하지 않아도 서로가 서로에게 영향을 주고받는다. 선한 이를 만나면 선행을 하게 되고 악한 이를 가까이하면 나도 모르게 악행을 하게 되는 것이다.

우리 모두 이 순간부터라도 믿음의 소중함을 중요시하여 자주 볼 수 없는 먼 곳에서도 서로를 믿고 의지하는 진정 기쁜 친구가 되기를 발원해 본다.

용서하고 이해하는 마음

5

세상을 바꾸는 것은 거대한 힘이라고 생각하지만, 그 힘 역시 한 사람의 에너지가 모여서 만들어진다. 나의 마음부터 바르고 모남이 없어야 세상을 바꿀 수 있기 때문이다. 항상 좋은 생각, 좋은 말, 좋은 일들이 나를 행복하게 만든다.

좋은 생각은 자신을 평화롭게 하여 나와 너를 하나로 만들고 세상을 아름답게 만들어 가는 기틀이 된다. 불교는 마음의 행복과 평화를 만드는 가르침이다. 사람들은 평화롭고 행복하게 살기를 원하지만, 제 마음을 다스리지 못해서 고통스러워한다.

행복과 평화를 만들기 위해서는 자비심이 근본이다. 자비는 부모님의 사랑 중 어머니의 사랑을 생각한다면 쉽게 이해할 수 있다. 행복의 반대는 불행이다. 미움과 화는 불행의 씨앗이다.

지금 이 순간 누군가를 미워하고 싫어한다면 나도 무의식적으로 그 사람을 닮아가기 때문에 미움이 내 가슴 속에 스며들고 마음이 미움으로 가득 차게 되어 괴로워지는 것이다. 이처럼 사람을 미워하는 마음으로 화를 낸다면 오랫동안 쌓았던 보시 수행 공덕이 소멸하게 된다.

결국 화는 모든 공덕을 파괴하는 아주 고약한 에너지가 되는 것이다. 미워하고 화를 없애는 보약은 바로 자비와 용서와 이해다. 행복하고 평화로운 삶을 원하면서도 분노와 미움의 씨앗을 깊이 심어놓고, 행복하기만을 원한다면 행복의 열매가 자랄 수가 없다. 마음속 깊은 곳에 치우지 못하는 분노만 가득 찰 뿐이고 분노는 미움으로 변하게 된다.

부처님께서 인생 제일의 화두인 '나는 누구인가'에 대해 '천상천하 유아독존 삼계개고 아당안지(天上天下唯我獨尊三界皆苦我當安之)'를 가르쳐주셨다. 세상에 나와 함께 존재하는 모든 생명이 고통에 시달리고 있으므로 나는 그들이 고통에서 벗어날 수 있도록 내 인생 모두를 바치겠다는 대자대비의 간절한 뜻이다.

내가 만나는 모든 이들은 세상에서 가장 거룩하고 고

마운 존재임을 알고 서로를 배려하고 보호하며, 편안하게 하는 것이 행복의 씨앗을 심는 일이며 이것이 바로 진정한 기도요, 참선이다.

나로 인하여 내가 행복하고 가족이 행복하고 이웃이 행복하고 사회가 정화되어 안정이 필요 없는 행복한 정토의 세계가 하루빨리 우리 곁에 올 수 있기를 발원해 본다.

꽃으로 남을 기쁘게 하는 마음

6

산기슭 낮게 깔린 나뭇잎 사이로 재잘거리는 새싹들이 가슴을 열고 봄을 맞고 있다. 포근한 바람 안고 피어난 꽃들의 속삭임에 귀 기울이며 드러내지도 자랑하지도 않으며 환희로움을 전달하는 꽃망울에 반갑게 미소를 보낸다. 청담스님의 시 「자비」에 실린 구절이 생각난다.

> "꽃을 보고 기뻐하는 것보다
> 꽃을 피워 놓고 남을 기쁘게 하는 마음,
> 이것이 곧 자비의 마음씨다."

대부분 꽃을 보면 아름다움만 느낄 뿐, 꽃을 피우는 데 필요한 흙과 햇볕, 비와 바람과 꽃을 피우기 위해 가꾼 사람의 정성까지는 떠올리기 어렵다.

다른 일도 마찬가지다. 눈앞의 결과에만 감탄하고 실망하며 완성하기 위해 어떤 과정을 거쳐 왔는지는 중요하게 생각하지 않기 때문이다.

불교 경전 『백유경』에는 이와 관련된 이야기가 나온다. 옛날에 어리석은 한 부자가 있었는데 어느 날 이웃 마을에 사는 친구 집에 놀러 갔다가 삼층 누각을 구경하게 되었다. 삼층에 올라가 보니 앞이 탁 트여 경관이 더없이 좋고 시원하기 이를 데 없었다.

"나는 친구보다 재산도 훨씬 많은데 왜 이런 누각 지을 생각을 못 했지?"

하고 생각하며 집으로 돌아오자마자 목수를 불렀다.

"여보시오! 여기에다 3층짜리 누각을 지어주시오. 가능한 한 이른 시일에 지어야 합니다."

목수는 인부들을 불러 모아 일을 시작했다. 며칠 뒤 부자가 와서 보니 일꾼들이 땅을 평평하게 고르며 벽돌을 쌓고 있기에 목수에게 물었다.

"지금 몇 층 누각을 지으려 하는가?"

"그야 물론 삼층 누각이지요. 지금 일층을 쌓고 있으니 멀지 않아 삼층이 완성될 겁니다."

"이 사람아, 나는 일층과 이층은 필요 없다네. 그러니 삼층만 얼른 지어주게나!"

이 이야기는 결과에만 급급한 사람들을 일깨우기 위해 부처님께서 들려주신 유명한 우화다.

일층 이층 없는 삼층은 지을 수 없다. 흔히 목적 달성을 위해 꾸준한 노력 없이 목적만 달성하려는 사람들은 누각의 삼층만 지으려는 부자와 다르지 않다.

우리들의 삶도 꽃을 가꾸듯이 햇볕과 비와 거름을 염두에 두면서 폭풍우와 찬 서리를 이기며 한발 한발 나아가야 아름다운 인생 꽃을 피울 수 있다.

7

마음으로 세상을 바꿀 수 있다

봄 햇살을 안고 피어난 매화가 산사를 예쁘게 수놓았다. 혹독한 겨울을 이기고 피어난 꽃망울이 코로나로 지친 마음을 위로한다. 고운 꽃잎들은 아무리 춥고 매서워도 사람이 흔히 말하는 한마디의 넋두리조차 없이 그저 제 아름다움만 전해준다. 처마 밑의 풍경 소리도 감동한 듯 노래로 화답한다.

우리들의 마음은 세상을 바꿀 수 있는 큰 힘을 가지고 있다. 상쾌한 바람이 불어오면 마음도 기뻐지고 먹구름에 비가 내리면 공연히 우울해진다. 마음이 시끄러우면 세상도 불편하지만, 마음이 평화로우면 세상도 평화롭다. 이처럼 마음이라는 창구를 통해서 세상을 살아가고 있다.

부처님께서도 일체유심조(一切唯心造)를 설하시며 우

리 삶의 실망과 좌절, 고뇌와 허무 등이 모두 마음먹기에 달렸다고 하셨다. 괴로운 일을 괴롭다는 생각을 가지고 그것에 집착하면 더욱 괴로운 것이다. 마음은 요술 단지라고 했다.

불교 경전 『화엄경』에서도 마음은 능숙한 화가와 같아서 마음먹은 대로 무엇이든 그려낼 수 있다고 했다. 누구나 불평의 소리를 내며 사는 것보다 늘 감사하는 삶을 살아야 한다.

이처럼 자연과 우리들의 마음은 하나다. 자연의 모든 조화가 우리들의 마음에 영향을 주고, 또 사람들의 마음에 따라 자연의 조화가 달라진다.

상쾌한 바람이 불어오면 우리 마음은 기뻐지고 먹구름에 비가 내리면 우리의 마음도 불쾌해진다.

"꽃의 향기가 제아무리 짙더라도
그 향은 바람을 거슬러 퍼질 수 없다.
그러나 순수한 마음에서 풍기는
그 덕(德)의 향기는
바람을 멀리 거슬러
이 세상 끝까지 간다."

행복 메시지

8

오랜만에 맑은 하늘을 바라보며 창문을 활짝 열었다. 햇살이 반갑게 다가와 살포시 안긴다. 어느덧 내 가슴에 자리 잡은 햇살과 속삭이며 콧노래를 부른다. 창밖 햇살에 은빛 털옷 입은 목련꽃 봉오리가 눈부시게 고개 들어 반긴다.

목련 나무는 눈보라 속에서도 혹한 추위를 견디며 제 몸에서 꿋꿋하게 솟아오르는 목련 봉오리. 겉치레 없는 마음으로 행복의 꽃을 피우며 삶을 살아가라는 가르침을 준다. 목련에 취하여 눈을 떼지 못하는 순간 문득 나 자신을 버리고 무소유의 삶을 살아가는 수행자의 모습을 상상하게 된다.

맨몸에서 피어나는 봉오리는 아픈 고행을 넘어 깨달음의 경지에 도달한 행복한 삶의 모습을 견주어 보게 하며, 우리에게 희망이라는 큰 뜻으로 보시하고 있다. 보시란 자신이 가진 것을 남에게 주는 나눔을 말하며 베풀고 또 베풀라는 뜻으로 항상 남에게 베풀어야 한다는 의미다. 불교 경전 『증일아함경』을 보자.

> "베푸는 것은 중생을 위한 복의 그릇이요, 참된 진리에 이르는 길이니 누구라도 보시의 공덕을 생각하거든 기쁘고 즐거운 마음을 내라. 베푸는 것은 널리 평등하게 골고루 하되 좋고 나쁨을 가리지 않아야만 베푸는 마음속에서 나를 만나 구제받는 인연을 맺으리라."

보시 중에는 재물이 없이도 베풀 수 있는 일곱 가지의 무재칠시(無財七施)가 있다.

첫째, 신시(身施)는 육체적으로 남을 위해 봉사하는 것을 말한다.

둘째, 심시(心施)는 모든 이들을 따뜻한 자비심으로 대하는 것을 말한다.

셋째, 안시(眼施)는 언제나 남에게 따뜻한 눈길로 대

하는 것을 말한다,

넷째, 화안시(和顔施)는 언제나 부드럽고 평화로운 밝은 얼굴로 대하는 것을 말한다.

다섯째, 언시(言施)는 따뜻하고 부드러운 말로 대하는 것을 말한다.

여섯째, 상좌시(床座施)는 남에게 자리를 양보하는 것을 말한다.

일곱째, 방사시(房舍施)는 먼 길을 가는 사람들을 하룻밤 쉬어 가도록 하는 것이며, 지하철이나 버스 등 힘든 분들에게 언제 어디서든 편안한 자리를 베풀어 주는 것을 말한다.

이처럼 보시란 주고자 하는 물건의 많고 적음이 문제가 아니라, 그 마음에 달린 것임을 알 수 있다. 넉넉할 때 남을 돕겠다는 사람은 백만장자가 되어도 실천하지 못할 것이다. 아무리 바쁘고 힘들다고 겨울을 이기고 피어나는 목련꽃 봉오리의 아름다움을 전달하는 보시의 마음을 느끼지 못한다면 행복은 더욱 내 곁에서 멀어지게 된다. 아름다움을 발견하는 일도 행복이라는 것을 목련의 솜털 봉오리에게 배우는 기분 좋은 순간이다.

우리 모두 보시(布施)행에 앞장서서 사랑과 자비로움을 나누자. 이 세상 모든 이들이 목련꽃 봉오리같이 아름다운 마음으로 희망을 전달하며 살아가는 행복한 세상이 되기를 기원한다.

오색 연등의 물결

9

산천이 아름다운 꽃으로 수놓은 멋진 계절, 음력 4월 8일에 부처님께서 우리 곁으로 오셨다. 요즘은 부처님 오신 날을 봉축하는 오색 연등이 거리마다 물결치며 그동안 코로나로 힘들고 지친 마음을 보듬어주고 있다. 『법구경』 '깨달은 이'에 나오는 글을 보자.

> "행복하여라. 깨달은 이(佛)의 태어나심이여.
> 행복하여라 깨달은 이의 가르침(法)이여.
> 행복하여라. 그 가르침대로 살려는 이(僧)들이여.
> 행복하여라.
> 위의 셋(三寶)을 진정한 피난처로 삼는 이들이여."

사랑으로 가득한 세상, 거룩한 불법승(佛法僧) 삼보(三寶)를 존경하며, 우리가 모두 아름답고 편안한 마음으로 살아갈 수 있는 행복한 세상을 만들어가는 방법을 설파하신 것이다.

깨달은 이이신 부처님께서 오신 날의 대표적 상징은 연꽃등이다. 연꽃이 불교를 상징하는 꽃인 이유는 부처님께서 태어나시는 것을 알리기 위해 연꽃이 먼저 피었기 때문에 더 상징성이 있는 것이다. 연꽃의 공덕은 처염상정(處染常精), 더러운 곳에 처해도 물들지 않고 오히려 맑고 향기로운 꽃으로 피어나는 진리를 상징한다.

진흙탕 물속에서 가녀린 긴 줄기가 물속을 뚫고 올라와 봉오리를 살짝 내밀면서 신성(神聖)이라는 꽃말 그대로 군자에게 느껴지는, 범접 못 하는 그 자태를 뽐내는 것이 연꽃이다. 그래서 우리 모두 어서 연꽃의 어둠을 비추어 모두 같이 행복해야 한다는 크나큰 가르침이다.

불자들은 봉축을 위해 사찰에 모여서 직접 손으로 연등을 만든다. 부처님 오신 날 연꽃 같은 삶으로 살기를 발원하면서 연등을 만드는 그 순간만이라도 부처님을 닮아보고자 하는 발원이 손끝에 듬뿍 담겨 있다.

부처님 오신 날을 맞아 우리 모두 스스로 등불이 되어 온 누리를 밝게 비추어 다시 희망이 꽃피는 세상으로 온 생명 모두가 행복한 날이 되기를 두 손 모아 발원한다.

복조리에 스며있는 추억

10

설날 명절에 멀리 있는 도반에게 복조리를 선물 받았다. 설레는 마음으로 상자를 여는 순간 스치는 어릴 때 모습으로 한참 동안 복조리에 눈 맞추며 동심의 추억을 되새겼다. 어린 시절 설날이 다가오면 새 옷을 입고 세뱃돈을 받을 생각과 맛있는 음식을 많이 먹고 싶은 마음에 밤을 설치곤 했다.

밤늦은 시간이 되면 동네를 다니면서 큰소리로 "복조리 사려~" 하는 소리가 들린다. 어머니는 복조리 장사를 기다렸다는 듯이 밖으로 나가시며 반갑게 맞이하고 복조리를 사서 그 속에 성냥과 실을 담아서 마루 기둥에 걸어놓고 두 손 모아 기원하시던 모습도 아른거린다.

지금은 조리를 많이 안 쓰지만, 예전에는 어느 집이나 크기가 다 다른 조리들이 생활필수품이었다. 조리를 복조리라 부르는 것은 한 해의 복이 쌀알처럼 일어나라는 발원이라고 하셨다. 또 문 앞이나 기둥에 걸어두는 것은 나쁜 기운이 침범하지 말라는 뜻이라고 설명해 주시던 아버지의 말씀도 생각난다. 지금 생각해 보면 가족 모두 무병장수하기 바라는 기원이었고 성냥은 재물이 불같이 일어나라는 의미라고 생각한다.

도반은 복조리 안에 자비와 지혜라는 문구를 써서 보냈다. 오래전부터 장애인 복지시설을 운영하니 새해에도 지혜롭고 자비로운 마음으로 활동하라는 부탁인 듯하다.

불교에서는 우리가 살아가는 세계가 고통이 없이 살아갈 수 없는 세상이라 하여 사바세계라고 한다. 아무리 돈이 많은 부자나 큰 권력과 명예를 가진 사람일지라도 고통과 번뇌의 삶을 사는 이들에 관한 뉴스를 언론을 통해 자주 접하게 된다.

고통의 원인이 되는 번뇌를 없애기 위해서는 욕심과 성내는 마음, 그리고 어리석은 마음을 가슴속

에서 줄이거나 없애야 한다. 고통을 행복으로 바꾸는 작업이 바로 지혜이고 자비의 실천이다. 어두운 밤에 불을 켜면 어둠이 사라지고 밝음이 채워진다.

우리의 마음도 이와 같아서 자비로움이 가득 차게 되면 가슴에 숨겨두었던 미움과 욕심, 시기와 질투가 스스로 그 힘을 잃게 마련이다.

우리는 이상적 삶을 누리기 위해서 개개인의 정성과 노력이 필요하다. 행복은 자비행(慈悲行)으로 내가 찾아야지 찾아오기를 기다릴 수는 없다.

부처님께서는 작복(作福)이 제일이라고 하셨는데, 농부가 힘들게 농사를 짓듯이 노력 없는 복은 아무리 기다려도 오지 않고 어떤 성자도 노력 없는 이에게 복을 줄 수는 없다. 언제나 상대방을 진심으로 대하고 지혜를 나누며 스스로 복을 짓는 자만이 행복해질 수 있다.

연꽃의 서울 나들이

11

삼복더위에 혹한 여름이 전개되지만 도심에 피어난 연꽃의 미소에 마음이 포근해진다. 휴가철을 맞아 많은 사람들이 더위를 피해 도시에서 탈출한다. 넓고 깊은 연못 속에서 청아하게 피어나던 연꽃들이 화분에 실려 도심 속의 사찰인 조계사로 나들이 와서 아름다운 향기와 자태로 세상과 소통한다.

시끄러운 자동차 소리와 대웅전에서 울려 퍼지는 목탁과 염불 소리에 어색함조차 없는 듯, 사람들의 욕심과 불평불만도 조용한 미소로 보듬는 듯하다. 그 미소는 고향을 떠나 낯섦도 없이 곱게 피어나 은은한 향기로 삶의 지친 마음을 달래주며 자신을 돌아보게 하는 참회의 순간도 갖게 한다.

우리가 사는 세상은 번뇌와 고통이 쉬지 않고 접근한

다. 그때마다 삶은 흔들린다. 수시로 거센 파도와 물살이 닥쳐 아무리 꼿꼿하게 서 있으려 해도 무너질 듯 혼란스러울 때가 많다. 힘들어도 누구든지 모두 그렇게 산다는 말에 내색도 못 하고 흐르는 눈물을 참아야 할 때가 많다.

모두에게 주어지는 하루하루는 오직 우리 자신만의 것이기 때문에 번뇌와 고통을 달래며 자신이 잘 소화하여 자양분으로 삼아 행복의 꽃을 피워야 한다.

연꽃은 불교를 상징하는 꽃으로 처염상정(處染常靜)의 가르침이 있다. 진흙탕에서 피어나지만 더러운 흙탕물에 물들지 않음을 의미한다. 아무리 주변이 혼탁하고 죄악에 물든 세상이 자신을 힘들게 하더라도 세상에 물들지 않아야 한다.

『법구경』 '욕망'을 보자.

"정복하기 어려운 이 욕망을
능히 정복한 사람에게는
고통은 이제 더 이상 존재하지 않는다.
저 연잎 위에서
물방울이 굴러떨어지듯이."

맑은 본성을 간직하고 향기로운 꽃을 피워 세상을 정화하는 청정한 모습을 드러낼 수 있어야 한다는 의미다. 우리들의 삶도 번뇌 망상에 물들지 않고 깨끗한 깨달음의 길을 가야 함을 일깨워 주는 무진 법문을 연꽃에 비유한 것이다.

조계사 마당에서 더위도 아랑곳하지 않고 곱게 피어난 연꽃의 소담스럽고 청초한 멋에 시 한 편 지어 본다.

연꽃

아침 햇살 기지개 켜며
정토(淨土) 세상 문을 열고
아련한 향기 피워
풀벌레 개구리도
노래로 반겨주네

참회의 기도
청정한 이슬 되어
연잎 위에 구르고
중생의 목마름

자비로 채워주니

그윽한 자태

관세음의 미소로다.

걷고 또 걷는다

12

불교에서도 녹색의 숲이나 길을 걷는 것은 자신과 만나는 시간이고 걷는 것도 수행이라 하여 걷기 명상은 늘 인기가 많다. 어릴 때부터 서울에서 생활하며 도심 사찰에 출가하면서 서울과 인연이 많다. 출가 전에는 불교란 나 혼자만이 깨달음을 이루는 종교로 생각했으나, 출가자의 기본교육을 받고 나서부터 생각이 바뀌었다.

불교는 자비행(慈悲行)을 근본으로 이웃과 나누는 상구보리(上求菩提) 하화중생(下化衆生) 사상이다. 보살은 위로는 불교의 지혜인 보리를 추구하고, 아래로는 고통받는 중생을 교화하기 위해 수행한다. 불교에서 말하는 이 두 가지의 이익, 곧 자리(自利)와 이타(利他)에 각각 대응된다.

나는 조금이라도 부처님을 닮아가기 위한, 삶을 영위

하기 위하여 장애인 포교를 실천하기로 다짐했다. 바로 도심 빌딩에 자비, 나눔, 실천 도량 광림사와 사회복지 법인 연화원을 설립하여 수행자의 본분을 다하려고 오랜 시간 열심히 노력하고 있다.

가끔 계획하던 일들이 풀어지지 않을 때 그 일을 잠시 내려놓고 빌딩 숲을 벗어나고 싶을 때도 많았다. 하지만 갑자기 갈 곳이 떠오르지도 않고 가고 싶다고 해서 마음대로 갈 수 있는 형편도 안 된다. 순간 마음을 달래고 가까이 있는 공원을 찾아 산사로 생각하고 초록의 기운을 받으며 걷는다.

오늘 새벽기도를 마치고 묵묵히 공원으로 향했다. 벌써 많은 사람이 걷고 있었다. 할머니 할아버지가 두 손을 꼭 잡고 서로를 보호하며 배려하는 아름다운 모습도 보였다. 아픈 몸으로 지팡이에 의지하여 건강 회복을 위해 걷는 이를 보면서 잠시 고개를 숙이고 건강을 발원하기도 한다.

걷다 보면 맞은편에서 오고 있는 반려견이 주인을 따라가지 않고 반항하며 공원에서 만난 친구들과 놀고 싶어 야단맞는 모습도 보인다. 갑자기 웃음에 터지는 기분 좋은 모습들이다. 공원에 가면 다양한 삶의 현장을 접하는 즐거움이 있다. 각자의 걸음이지만 평화로움과 희망을 보는 듯하여 기분이 상쾌해지는 아침이다.

명상은 보통 조용한 곳이나 깊은 산사에서 가부좌하고 앉아서 하는 수행이라고 생각한다. 그러나 명상은 때와 장소에 관계없이 자신의 참된 자아를 깨닫기 위해 마음을 잡는 것을 말한다. 지친 삶을 치유하는 약으로 몸과 마음을 건강하게 행복의 길로 인도해 준다.

걷기 명상은 호흡과 함께 걷는 것이 효과적임을 알아야 한다. 번뇌 망상에서 벗어나야 마음의 평온을 얻을 수 있다. 오늘뿐만이 아니라 앞으로도 걸음에서 얻게 되는 평화로움과 행복을 찾아 행선을 열심히 해야겠다.

하얀 고무신

13

겨울바람은 몸과 마음을 움츠리게 한다. 어느덧 나뭇가지 끝에 달린 잎사귀도 살포시 나무를 떠나버린다. 나무에 주렁주렁 탐스러웠던 열매도 떠나고, 나뭇가지를 멋지게 만들어 주었던 잎사귀도 모두 날아가 버린 뒤 홀로 남아 추위를 견뎌야 하는 외로운 나무. 모든 것을 가졌지만 모든 것을 내려놓은 나무. 나무는 공사상(空思想)을 스스로 간직한 듯하다.

떨어지는 낙엽은 사람들에게 탐 · 진 · 치(욕심, 성냄, 어리석음) 삼독심을 내려놓으라는 법문을 펼치고 있다. 문득 궁금하다. 떨어지는 나뭇잎과 같은 내 삶의 뿌리는 어디에 있는지 끊임없이 반복적으로 내 질문에 답을 찾을 때가 많다.

쉼 없이 흐르는 세월에 처음 마음은 어디에서 찾아야

할지 고민이 될 때가 있다. 그때는 모든 것을 내려놓고 산사로 향하게 된다.

사찰에 들어서서 가지런히 놓인 스님들의 하얀 고무신을 보고 있자니 힘들고 흩어졌던 나의 마음이 한결 놓인다.

출가한 스님들은 하얀 고무신을 의무적으로 신는다. 현시대에 아무리 편하고 좋은 신발이 있어도 여름이면 하얀 고무신을 즐겨 신는다. 하얀 고무신에는 여러 가지 진리가 숨어 있다. 흰색은 청결함을 뜻한다. 흰 고무신을 신을 때는 때가 끼지 않도록 깨끗이 닦아야 한다. 스님들이 고무신을 물에 닦듯이 끊임없이 수행 정진하라는 깊은 뜻이 포함되어 있기 때문이다. 하얀 고무신을 신을 때마다 하심(下心)하며 더욱 정진하라는 법문을 되새긴다.

오늘도 그때를 기억하며 산사에 다녀왔다. 하얀 고무신을 벗어놓은 댓돌 위에 "조고각하(照顧脚下)"라는 글귀가 눈에 띄었다. 조고각하는 '신을 가지런히 놓아라, 자기 발밑을 잘 살펴라, 깨달음은 멀리 있지 않고 가까이 있다'를 뜻한다.

결국 남을 비판하기 전에 스스로 자기 자신을 돌아봐야 한다는 의미다. 아무리 가깝고 친할수록 더욱 신경을 쓰며 조심해야 한다는 뜻도 포함된다.

하얀 고무신에 깊은 의미를 되살리며 나의 인생을 한 번 돌아본다. 반성하는 마음과 처음처럼 다시 시작하자는 마음으로 쓴 하얀 고무신 시가 생각났다.

사찰에 은은히 울리는 풍경소리에 맞추어 시를 낭송하며 나의 모습을 본다.

하얀 고무신

처음처럼 하얀 마음 찾아
머나먼 길을 걷고 또 걷는다

땀과 눈물로 찌든 때
마음으로 씻어내면서
끝없는 길을 걷고 또 걷는다

혼자 가는 외로움
빗물에 스며드는 험난한 길
달빛으로 꿰매어 댓돌 위에 놓으니

바람에 낙엽 한 잎 내려앉는다
깊은 밤 지새우며
가슴속을 떠나지 못하는
탐 진 치 삼독심(三毒心)을
살포시 내려놓는다.

동자상의 평화로운 미소

14

봄 내음에 마음이 평온해지니 어디론가 가고 싶어 친한 도반에게 연락해서 강화 보문사에서 만나기로 약속하고 들뜬 마음 신나게 만남의 장소로 향했다.

한강 가로수 변에서 세상으로 나올 준비를 하는 듯 연한 연둣빛 새잎들이 출렁거리며 향기를 전한다. 따뜻한 햇볕과 맑은 물과 공기, 흙과 나무들은 사람들에게 보상과 요구도 없이 사랑을 베풀어 주는 고마운 존재다.

신선한 자연을 접하는 순간 세파(世波)에 찌들었던 마음이 평온해지며 콧노래가 절로 나온다. 흔히 우리를 가장 기분 좋게 만드는 단어가 바로 사랑이다. 누군가가 나에게 '사랑해'라고 하면 공연히 기분이 좋아지듯이 누군가를 사랑하면 마음도 고와진다.

사랑하는 사람들(부모님, 친구들, 곁을 지켜주는 모든 사람)은 가르치지 않아도 보는 순간 부드럽고 아름다운 말을 먼저 사용하게 해 준다. 사랑하는 사람들끼리 곁에 있다면 서로 말없이도 따뜻한 미소를 보내는 멋진 기운이 있다.

사랑한다는 그 마음속에는 어느 때든지 행복이 만들어지는 묘약이 있는 듯하다. 요즘, 사람들이 세상이 각박해졌다고 한다. 그 각박한 세상을 바꾸는 구성원은 바로 우리들의 사랑이다. 내가 달라지고 자비로우면 세상을 바꿀 수 있다. 우리는 살아가면서 마주치는 사람들에게 좀 더 따뜻하고 친절하게 소중한 사랑을 베푸는 일이 가장 중요하다.

서로서로 위하고 귀하게 여기는 일이 바로 사랑의 마음을 전하는 실천행이 된다. 달리는 길에서 만나는 자연들이 이렇게 감사하고 귀중히 생각했다는 것에 감사했다. 잠시 당연히 자연들이 내 마음을 알아주겠지 했다. 그렇듯이 나는 자연을 사랑했나 보다.

봄 향기에 취하다 보니 어느덧 보문사에 도착했다. 천연 동굴 앞 나무 밑에 앉아 있는 아기 동자상들이 천진난만한 미소로 반겨준다.

나는 크게 외쳤다.

"동자들아, 사랑해! 고마워!"

한참을 그곳에 머무르며 도반스님과 차 한 잔을 하며 법담을 나눈 후, 사찰을 찾는 모든 이들에게 평화로운 미소를 전해주는 동자들의 사랑을 마음 가득 한 아름 안고 돌아왔다.

미소가 주는 행복

15

청정하던 하늘에 갑자기 먹구름이 끼더니 하루종일 추적거리며 내리는 비에 마음이 울적하다. 가을비는 스산한 바람을 몰고 와 기온이 떨어지는 바람에 익어가는 곡식과 과일에 도움이 되지 않는다고 안타까워하시는 농부님들의 모습을 보니 내 마음이 더더욱 아프다.

사람들은 대부분 행복하기를 원한다. 누구나 행복을 갈구하면서도 미소보다 마음속에 화를 안고 살아간다. 화는 기쁨과 슬픔, 즐거움, 두려움 등 일상적인 감정들 가운데 가장 많이 일어나는 감정이다.

'화(사전을 보면 화는 못마땅하거나 언짢아서 생기는 노엽고 답답한 감정이라고 한다)'는 모든 것이 내 마음대로 되지 않는다는 것, 그것은 남들로 인한 잘잘못보다는 서로 깊고 얕은 행동과 표현이 다른 것들로 인해 본인도 모르게 일어나는 현상이다.

그렇다고 혼자 있다고 화가 생기지 않는다는 것은 아니다. 감정이라는 것은 혼자나 여럿이 있고 없고가 아니다. '화'라는 감정은 혼자 있어도 생길 수 있으므로 남에게 나의 화를 떠넘기는 것은 내가 만든 깊은 감정을 밖으로 내던지는 것일 뿐이다. 내가 원하는 대로 무작정 이루어지기를 바라기에 가슴속에 화를 품고 사는 것이다. 내가 품고 사는 화로 인해 우리는 모두 가해자이자 피해자다. 화를 내는 것은 자신에게 아무런 이득이 없다. 오히려 손해만 가득할 뿐이다.

마음속에 큰 자리를 차지하면서 행복한 삶을 방해하고 있는 이 '화'라는 독을 없애지 못하면 우리는 결코 행복해질 수 없다. 언제나 서로를 이해하고 자신을 참회한다면 화낼 일이 생기지 않고 행복한 삶을 누릴 수 있다.

이 세상을 살아가면서 서로 맞지 않는 사람들과 지내다가 어려움이 생기는 것은 내가 과거에 좋은 씨앗을 뿌리지 않은 결과라고 자신을 돌아볼 수 있어야 한다. 내가 나를 사랑하지 못하면 남을 사랑할 수가 없다. 내 가족, 가장 가까운 친구 등 이웃과 정을 나누고 미소를 보이며 덕담도 하고 노력을 기울여야 행복한 결과를 만날 수 있다.

이제부터라도 마음속에 화를 버리고 입가에 피어나는 웃음이 떠나지 않는 행복한 시간을 만들기 위해 최선의 노력을 했으면 한다.

가을비에 익어가는 우리들의 삶

16

어둠을 적시는 가을비가 마음을 울적하게 한다. 창문 밖 요란한 빗소리, 바람 소리에 귀를 기울인다. 가을은 자연을 통해 삶 속 사색의 뜰을 넓히며 과거도 되돌아보게 하는 멋진 계절이라는 것을 가을비가 다시 한번 생각하게 한다.

> "믿고 의지함은 가장 귀한 친구이고
> 대 자유는 최고의 평화이다."

불교 경전 『법구경』에 나온 말씀이다. 갈수록 사람들이 자신의 본성을 저버리고 남의 놀음에 정신이 팔려 무엇을 하는지도 모르고 있다.

내년에 치러질 대통령 선거로 인하여 모든 언론에서

후보들 간 상대방끼리 서로 비방하며 흠집 내기에 앞장서 있는 모습을 자주 접하게 된다. 나라를 끌어나갈 대통령이라면 서로의 장점을 칭찬하며 존경하는 모습을 보여주어야 하지만 그런 모습은 전혀 찾아볼 수 없으니 아쉬운 마음만 더한다.

언제 어디서고 상대방을 칭찬하고 격려하는 아름다움을 왜 대통령 후보자들은 알지 못하는지 안타깝고 궁금할 뿐이다. 모든 분야에서 비난이나 훈계보다는 칭찬과 사랑이 희망을 키워준다.

상대방이 부족하다는 말보다 잘하는 분야를 찾아서 격려의 말과 또 인정하고 칭찬하는 것이 귀한 선물이다. 가을에 나무들이 달고 있던 잎을 미련 없이 떨쳐버리는 결단과 용기를 보면 나를 돌아보는 중요한 시간이 된다. 우리 모두 삶의 최고 가치를 들여다보는 일이 생활의 기초가 되어야 한다.

가을 빗소리를 들으며 지금 할 일이 무엇인지 차분히 정리하면서 여유롭게 버릴 수 있는 마음도 자연에서 배우고 안정된 사회의 미래를 염원하며 사색의 향기에 취해 본다.

자신을 축복하는 새해의 발원

17

새해를 맞아 설레는 해돋이를 바라보며 올 한 해 동안 해야 할 일과 계획을 간절하게 발원한다. 새로 시작하는 자리는 언제나 활기가 넘친다. 새해가 되면 만나는 사람마다 "새해 건강하시고 복 많이 받으십시오"라는 인사를 나눈다.

예로부터 '건강이 만복의 근원'이라고 했듯이 건강해야 복도 지을 수 있고 수행도 열심히 하면서 남을 돕는 봉사활동도 원 없이 할 수 있기 때문이다. 나는 어릴 때는 연말연시가 되면 세상에서 제일 고귀하고 예쁜 연하장을 직접 만드느라 바쁜 시간을 보냈다.

먼저 마음에 드는 고운 색지를 고르고 직접 재단하여 멋진 그림을 그리거나, 책갈피에 눌러 보관한 예쁜 꽃잎과 나뭇잎으로 감사와 행복의 마음을 담아서 만들었다.

어린 나이지만 "새해 건강하시고 복 많이 받으십시오." 라는 글을 정성스럽게 적어서 선생님과 어른들은 물론, 가까운 친구들에게 보내기 위해 우체통에 넣었을 때가 가장 행복하고 뿌듯했다.

하지만 언제부터인지 핸드폰 문화가 활성화되면서 우편으로 보내는 연하장이 사라지고 카카오톡이나 메시지로 너무 쉽게 새해 인사를 전달하고 있다.

1월 중순을 맞는 요즘도 "새해 건강하시고 복 많이 받으십시오"라는 인사말이 카카오톡이나 메시지로 자주 오고 있다. 새해 문구를 받을 때마다 상대방에 대한 감사와 아름다운 마음을 느끼게 된다.

불교경전 『자애경』에 있는 "어머니가 하나밖에 없는 자식을 목숨으로 보호하듯이 모든 생명을 향해 가없는 자애심을 키워나가야 한다."라는 말씀을 되새기게 된다. "새해 복 많이 받으세요."라는 인사말은 자식을 보호하는 어머니 마음처럼 포근함이 가득 담겨 있다.

인사를 할 때도 그렇지만 인사말을 들을 때 그 순간은 정말 복이 다가오는 것 같고, 행복이 내 곁에 있는 것 같은 상쾌함을 느낀다. 복을 받으며 산다는 것은 항상 여유를 가지고 행복하게 산다는 것을 의미한다. 그러기에 복 많이 받으라는 인사는 아름다운 마음이 스며있는 멋진 인사라고 생각한다.

우리가 그토록 원하는 복을 받지 못하는 이유는 무엇일까? 복이라는 것은 남이 준다는 것보다 각자 자신의 노력이나 덕에 의해서 얻어지는 것이다. 복은 우연히 굴러들어 올 수 없고 스스로 짓지 않은 복도 없다.

원하는 복을 받고 누리며 살기 위해서는 각자의 좋은 인연을 많이 심고 잘 가꾸고 좋은 열매를 잘 맺을 수 있도록 노력해야 한다.

『화엄경』에서도 "마음을 심지로 자비를 기름으로 생각을 그릇으로 삼고 공덕을 빛으로 삼아 탐욕과 성냄과 어리석음을 없애라."라고 하신 말씀처럼 내가 가지고 있는 만큼 자비심을 근본으로 하여 언제나 감사한 마음과 베푸는 마음을 가지고 변함없이 정진할 때 비로소 행복은 우리의 곁으로 다가온다.

결국, 함께 더불어서 나

누며 살아가는 순간 행복한 삶이 되는 것이다. 서산대사의 시를 보자.

답설야중거(踏雪野中去) 눈 덮인 들판을 걸어갈 때
불수호난행(不須胡亂行) 함부로 어지러이 걷지 말라
금일아행적(今日我行跡) 오늘 내가 남기는 발자국은
수작후인정(遂作後人程) 뒤따르는 이의 길이 된다.

서산대사의 시에 나타나듯이 새해에는 우리가 어떻게 걸어갈 것인지를 각자 생각하며 두 발로 걸어온 자신을 되돌아볼 수 있어야 한다.

새롭게 뜨는 하늘의 태양처럼 새로운 마음의 해를 띄우며 각자 가지고 있는 행복의 문을 잘 열어서 올 한 해도 행복하기를 기원한다.

김치로 배우는 자비심

18

푸른 잎사귀가 어느덧 시간이 흘러 옷이 바뀌더니 찬바람 심히 불어오는 날 자신을 스스로 내려놓고 낙엽이 되었다. 이리저리 흩날리며 밟히다가 흙으로 돌아간다.

올해를 마무리하는 늦가을 찬바람이 불어온다. 날씨가 추워지면 연화원에서는 김장 준비로 분주한 시간을 보낸다. 문명이 발달한 요즘은 푸른 채소와 과일을 사계절 볼 수 있다. 언제 어디서고 마음대로 먹을 수 있는 좋은 세상이다.

어머님들은 제철에 담는 김치 맛이 제일 좋다고 해서 겨울 김장은 꼭 해야 한다며 추위를 무릅쓰고 준비한다. 오늘도 시장을 지나다 보니 배추와 무가 가장 큰 인기를 얻고 있었다. 상점 곳곳에 많은 사람이 모여 앉아 조금이라도 더 맛있는 배추를 고르는 정겨운 모습이다. 서로 눈

마주치며 들었다 놓았다 하며 재미있게 평가한다.

어릴 적 동네에서 옹기종기 모여 앉아 김장하던 일이 생각난다. 그때는 동네 이웃들이 다 같이 김장하면서 보쌈도 해 먹으며 명절같이 즐거운 날로 은근히 손꼽아 기다리곤 했었다. 아버지들이 밭에서 가꾼 배추를 뽑아서 리어카에 싣고 오면 바로 어머니들이 다듬어서 소금에 절였다.

다 절인 배추는 우물가로 가서 씻는다. 어린 우리도 따라가서 배추와 무를 씻으며 도왔다. 김장이 끝나면 이웃들이 모여서 막걸리 한 잔씩 마시며 피로를 풀고, 담은 김치를 집마다 골고루 나눠주던 모습이 눈에 선하다.

냉장고가 없던 그 시절에는 꽃밭 담장 밑을 파서 장독을 묻었다. 그곳에 김치와 무를 차곡차곡 넣었다. 그리고 짚으로 움막을 지어서 혹한에도 얼지 않게 꼭꼭 감싸준다. 이렇게 땅에 묻은 김장은 겨울을 지나 봄까지도 싱싱하고 맛있는 김치를 먹을 수 있었다.

아무리 진수성찬이라 해도 김치가 없는 상은 지금도 대접받지 못한다. 김치는 누구나 즐겨 먹는 필수 음식이다. 예전 어른들께 들은 바로, 배추는 사람들을 위해 여섯 번 죽는다는 이야기가 있었다.

첫 번째, 흙을 만나서 신나게 자라다가 땅에서 뿌리
가 뽑힐 때 죽는다.
두 번째, 배추로 김치를 담기 위해 반으로 갈라질 때
죽는다.
세 번째, 소금에 절이면서 죽는다.
네 번째, 매운 고추와 젓갈에 버무릴 때 죽는다.
다섯 번째, 작은 김치 통에 담겨 김치 냉장고에 들어
갈 때 죽는다.
여섯 번째, 김치가 익어 사람들의 입으로 들어갈 때
죽는다.

사랑과 자비, 그것은 이 세상에서 우리를 보호해 주는 최고의 덕목이라고 부처님께서 말씀하셨다. 사람에게 건강을 제공하기 위하여 자기 몸을 바치는 김치의 고마움에 고개 숙인다. 매일 김치를 즐겨 먹는 나 자신도 돌아보게 한다.

이제부터라도 누군가에게 꼭 필요한 사람이 될 것을 김치로 인해 배우는 귀중한 시간이었다.

팔공산 갓바위에서 얻은 희망

19

혹한 겨울 추위가 입춘을 맞으며 봄바람에 고개를 숙이고 있다. 며칠 전 세찬 바람이 불어 겨울이 다시 오는 건가 걱정했는데 포근한 봄바람이 입춘 절기를 정확하게 맞춰주니 감동하게 된다.

모든 생물이 봄을 준비하듯이 우리도 바른 생각 바른 말과 바른 행동으로 참된 불자가 될 것을 발원하며 팔공산 갓바위로 성지순례를 다녀왔다.

갓바위는 신라시대 의현대사가 돌아가신 어머니를 생각하며 바위에 종을 한 번 치고 세 번 절하며 수십 년을 팔공산에서 약사여래 부처님을 조성했다. 전해지기로는 어머니의 극락왕생을 기원하는 효험 도량이다. 부처님을 조성할 때의 그 정성으로 갓바위를 참배하면 한 가지 소원은 들어준다고 하여 전국에서 많은 이들이 줄지어 참배하는 유명한 기도 도량이다.

새해 발원으로 시각장애인 불자들도 작년과 변함없이 동참했다. '시각장애인들이 안내견과 그토록 많은 계단을 오르며 함께 갈 수 있을까?' 하며 고민의 소리도 있었지만, 그들의 희망과 용기에 모두 박수로 환영했다.

관광버스에서 기도와 함께 시각장애인 여러분들이 전국의 많은 장애인에게 사찰을 마음대로 순례할 수 있는 길을 열어줘야 한다며 큰 용기를 주었다. 장애인들은 광림사 불자님들께 '우리가 참석할 수 있도록 기회를 주셔서 감사드린다'며, 서로를 격려하다 보니 어느덧 팔공산 갓바위에 도착했다.

날씨도 봄같이 포근하여 우리를 반겨주는 듯 하늘도 감동한 기분이었다. 우리는 한 걸음 한 걸음 옮기면서 그동안 각자의 마음속에 갇혀있던 음습한 마음을 털어내고 만인에게 아름다움을 줄 수 있는 꽃이 되어보자고 발원했다.

구름 한 점 없는 푸른 하늘이 손짓하고 갓바위를 오르는 곳곳에는 하얀 눈꽃들도 반겨주었다. 봄기운에 나뭇가지 새싹들이 겨우내 움츠렸던 어깨를 힘주어 눈뜨려고 몸부림치는 느낌도 받았다.

정상을 향해 오르며 혹시라도 다른 불자들이 안내견을 모르고 야단하면 어쩌나 하는 걱정으로 '안내견은 시각장애인들의 눈과 발의 역할을 하는 도우미 보살'이라는 설명을 해주며 뒤따라갔다. 걱정이 무색하게도, 시각장애인들의 불심에 감동했다며 격려하는 목소리가 무수히 들려, 갓바위를 기쁘게 참배했다.

이제는 장애인에 대한 인식이 좋아졌다는 것을 느끼며 뿌듯하게 정상에 올랐다. 팔공산 정상에서의 마음은 그동안 마음에 담겨 있던 온갖 욕심과 번뇌, 망상을 바람에 날려 보내고, 보람 있고 행복한 삶을 이끌어갈 것을 다 같이 발원했다.

시각장애인들은 평생 느낄 수 없는 환희와 감사의 순간이었다며, 팔공산 정상에서 기도한 공덕으로 이후 그 어떤 일이 생기더라도 실망하지 않고 이겨낼 수 있는 희망과 의지가 생겼다며 기뻐하는 모습이 내 가슴에서 지워지지 않는다.

육체의 불편을 안고 사는 장애인이지만 어떠한 어려움에도 흔들리거나 절망하지 않고 지혜로운 마음으로 밝게 살아갈 수 있도록 함께하는 하루하루가 너무나 소중한 시간이라는 것을 느꼈다.

2부

사회복지와 효

사랑과 미움은 하나

사랑을 실천하라.
넓은 사랑으로 모든 생명을 구하면
좋은 일이 생겨 항상 행복하게 된다.

꽃향기 마음에 피어나는 세상

20

창문을 세차게 두드리며 내리던 굵은 비가 미세먼지를 날려 보내고 흔들리는 마음마저 맑게 씻어주고 멈췄다. 멀리 보이는 산등성이에는 구름 사이 비추는 햇살에 계곡마다 운무가 떠다니며 앞뜰에는 이슬을 머금은 꽃들이 편안히 미소 짓는다.

산과 들, 자연이 힘들고 지친 마음을 위로해 주어 고마움을 느끼는 순간이다. 꽃을 보면 나도 모르는 사이에 마음이 상쾌해진다. 그래서 내 방에 생화는 물론이고 다육식물과 보존화(시들지 않는 꽃) 예술 작품을 가득 놔두고, 일상에서 그들과 눈 맞추고 대화하며 마음을 나눈다.

오늘은 장애인 직업재활원 친구들이 어머님께 선물할 꽃바구니를 만드는 수업이 있어 새벽부터 꽃시장에 갔다. 그곳에는 형형색색 아름다운 꽃들이 반겨주어 한참을 돌아다니면서 구경하고 예쁜 꽃을 한 아름 안고 왔다. 엄마를 생각하며 한 송이 한 송이 모아 꽂은 꽃바구니를 받아보실 어머님들은 감동하며 기뻐하실 것이다. 원생들은 수업 시간에 선생님의 작품을 보면서 자기 나름대로 꽃을 자르고 꽂는 동안 신기해하며 열심히 만들었다.

작업을 마치고 퇴근할 시간이 되자 하나같이 꽃바구니를 들고 어머니께 드릴 준비를 하는 친구들의 모습에 우리도 덩달아 싱글벙글 좋아하며 박수를 보냈다.

꽃은 장애인과 어르신, 안정이 필요한 모든 이들에게 기쁨과 위안을 준다. 그래서인지 최근에는 꽃을 이용한 원예치료가 활성화되고 있다.

『법구경』「화향품(華香品)」'꽃'에서 보자.

"꽃의 향기가 제아무리 짙더라도
그 향은 바람을 거슬러 퍼질 수 없다.
그러나 순수한 마음에서 풍기는
그 덕(德)의 향기는
바람을 멀리 거슬러
이 세상 끝까지 간다."

꽃 작품을 만들면서 심신이 안정되고 신체적, 정신적 삶의 질을 향상할 수 있는 희망이 커지며 표현과 창작으로 창의력도 키워주기 때문이다. 꽃이 피어나기 위해 고통의 세월을 견뎌야 하듯이 사람도 성취의 꽃을 피우기 위해 정진해야만 생존의 의미를 느낄 수 있다.

우리도 아름다운 마음의 꽃을 활짝 피워 향기로운 세상이 열리기를 기원해 본다.

풍경소리 울림에 행복한 오늘

21

깊은 파도 물결에 위에 실려 있는 낙산사 홍련암을 향하는 길목에 바쁜 걸음을 멈추게 하는 해당화와 이름 모를 들꽃들이 만발했다. 숨을 가다듬으며 가까이 다가가니 꽃들이 눈 맞추면서 나에게 "이 자리에는 내가 아니면 누구도 아름다움을 대신할 수 없다는 것을 알겠지요." 하는 법문 소리가 울려 퍼지는 듯하다.

코로나로 지친 시각장애인들과 직업재활원의 발달장애인 부모님들을 모시고 관광버스 2대를 대절하여 사회적 거리 두기를 지키며 양양 낙산사와 홍련암을 찾아갔다.

몇 년 전 화재로 전소된 천년고찰 낙산사는 불자들을 비롯한 많은 분의 공덕으로 옛 모습 그대로 복원되었다. 회원들은 감탄하면서 불심 가득한 공덕주들을 위해 기도

했다. 낙산사의 복원된 기와 한 장, 돌 하나, 풀 한 포기에서 눈에 보이지는 않지만, 피와 땀 흘린 이들의 정성 어린 손길을 충분히 느낄 수 있었다.

사찰 곳곳에는 각자의 소망을 리본에 써서 달아놓은 노란 소원지가 바람에 날려 부처님 곁으로 가서 마치 소구(구하고 원하는 바) 소원을 발원하는 듯했다. 가장 눈에 많이 뜨인 소원은 부모님의 만수무강 발원이었다. 사람들은 누구나 건강하게 한 시간이라도 더 살기를 원한다.

사랑하는 사람들과 오랫동안 함께할 수 있고 많은 경험과 덕을 쌓으며, 후손들이 자라서 이 사회에서 희망의 꽃을 피우고 행복하게 살아가는 모습을 보고 싶기 때문이다.

우리는 현재 이 순간에도 고마운 마음으로 서로를 이해하는 삶을 살기 위해 최선을 다해야 한다. 자신이 계획했던 일이 생각대로 되지 않는다고 화내며 실망하는 모습을 보여 주어도 안 된다. 나의 주변에 인연 있는 사람들이 함께 우울해지는 순간을 만들기 때문에 오늘 이 순간의 마음이 중요한 것이다.

내 인생에서 가장 행복한 날은 언제인가.

바로 오늘이다.

내 삶에서 절정의 날은 언제인가.

바로 오늘이다.

내 생애에서 가장 귀중한 날은 언제인가.

바로 오늘!

지금 자신이 서 있는 곳이다.

어제는 지나간 오늘이요, 내일은 다가오는 오늘이다.

그러므로

'오늘' 하루하루를 이 삶의 전부로 느끼며 살아야 한다.

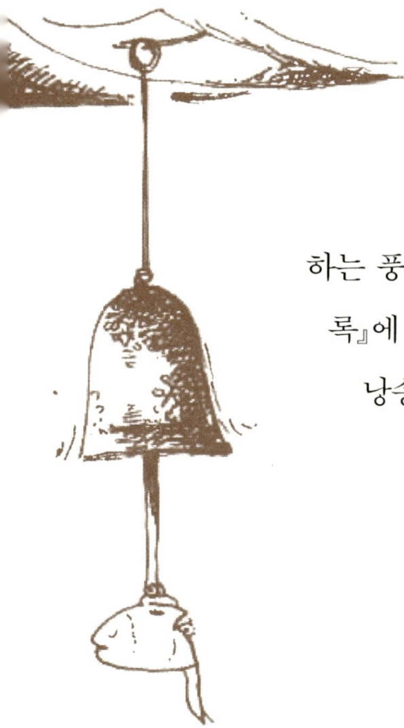

처마 끝에서 살랑살랑 춤추며 노래하는 풍경 소리에 마음을 다스리며 불서 『벽암록』에 실린 「내 인생에서 가장 행복한 날」을 낭송했다.

행복한 마음으로 달려가는 하루

22

가을을 상징하는 코스모스가 길거리에 만개하고, 단풍이 물들고 논과 밭을 곱게 수놓는 황금빛 결실의 계절이다. 형형색색 아름다움의 어울림은 화합된 모습을 떠올리게 한다. 하나보다 길가 가득 함께 모여야 더욱 아름다워 보일 수 있다는 의미를 안겨주는 코스모스는 볼수록 매력이 있다.

도심의 조그마한 행복 휴게소 연화원은 장애인과 비장애인이 함께 어울리는 연꽃 동산으로 항상 맑고 활기차게 상쾌한 아침을 열고 있다. 휴일을 제외하고 직업재활원에 출근하는 발달장애인들이 서로에게 나누는 반가움의 소리가 아래층은 물론, 옆 건물까지 쩌렁쩌렁 울릴 때도 있다.

반가운 친구들의 출근 시간에는 잠시 바쁜 일과로 눈

을 마주치지 않으면 곁에까지 다가와 내가 대답할 때까지 "안녕하십니까?"를 외치는 친구가 있으니, 나도 저절로 웃음이 터져 하던 일을 멈추고 반갑게 손을 잡아줘야 한다.

우리는 아침 문이 열리는 순간 마주 보고 미소를 보내며 인사를 나눈 뒤에야 하루 일과를 시작한다. 그들 역시 연화원에 발을 들여놓는 순간 가족이 되어 갖가지 응석도 부리고 소리도 지르며, 바쁜 업무 중에도 노래를 부르며 즐거운 하루를 보내고 있다. 『숫타니파타』 '코뿔소의 외뿔처럼'을 보자.

"친구를 얻는 것은 기쁜 일이니
나보다 나은 이나 나와 동등한 벗을 가까이하라.
그러나 이런 벗을 만나지 못했다면
차라리 제 분수나 지키면서
저 광야를 가고 있는 코뿔소의 외뿔처럼
혼자 가라."

부처님께서는 세상의 모든 중생은 불법을 깨우칠 수 있는 불성이 있고 평등하게 살 권리가 있음을 밝히셨다.

우리도 가르침을 받아 무언가의 역할이 필요한 이들에게는 작은 일도 도와 함께할 것을 말씀하셨다. 그것은 어둠의 늪에서 허덕이는 이들에게 따뜻한 손을 내밀어 잡아줄 때, 바로 그것이 부처님의 마음이라고 알고 있기 때문이다.

이처럼 부처님의 모습을 조금이라도 닮아가기 위하여 장애인들의 현실적 바람을 충족하는 데 조금이나마 도움이 되고자 하는 마음 하나로 오랜 시간을 함께하고 있다.

처음 시작할 때 주위에 어른들과 친한 도반들의 만류에도 불구하고 시작한 이 길을 그저 묵묵히 행복한 마음으로 달려가고 있다. 우리도 혼자가 아닌 모두가 하나 되어 코스모스와 같이 아름다운 삶을 열어가기 위해 서로가 필요로 하는 날까지 곁에 있을 것을 다시 한번 다짐하는 오늘이다.

미움도 사랑으로 바꾸는 꽃송이

23

산기슭마다 고운 옷을 갈아입은 단풍잎과 들꽃들이 가을을 아름답게 수놓고 있다. 꽃은 사람들에게 아름다움을 전할 뿐만 아니라 각자의 마음을 포근하게 해 준다. 나는 오래전부터 꽃을 보면 무슨 꽃이든 가까이 가서 눈을 마주치고 바라보면서 마음속 대화를 나누며 행복해했다.

오늘은 청각장애인 친구들에게 꽃꽂이 교육이 있는 날이어서 새벽부터 꽃시장을 다녀왔다. 그곳에 가면 계절에 맞추어 시장으로 나들이 온 각종 꽃이 반겨준다. 그래서인지 넓은 꽃시장을 몇 바퀴 돌아다녔지만, 새벽잠을 설치고 달려온 피곤함조차 느낄 수가 없었다.

오늘도 각자의 위치에 놓여있는 꽃들을 보며 서로 다른 꽃꽂이를 만들 때, 저 꽃들이 어떻게 어우러져 어떤 아름다움을 보여 줄까 하는 생각으로 여러 가지 꽃을 선택해서 내 품 가득 안고 돌아왔다.

청각장애인 친구들에게 오늘 꽃바구니는 자신이 제일 미워했던 사람에게 선물하자고 했더니, 하나같이 남편과 자식들에게 준다고 하여 한바탕 크게 웃으면서 시작했다. 그 시간은 모든 걱정 근심을 버리고 오로지 아름답고 텅 빈 마음으로 집중하게 된다.

친구들은 지금까지 만든 작품보다 제일 예쁘다며 남편에게 준다고 사진을 찍으며 즐거워했다. 어느덧 그동안 미워했던 마음이 달아난 것 같았다. 사진을 전송하며 나도 멋진 플로리스트가 될 수 있다는 의욕적인 모습을 보여 줄 때 나도 덩달아 기분 좋은 최고의 시간이 된다. 이렇게 자신의 노력으로 예쁜 꽃바구니를 완성했을 때는 자부심과 만족감도 느끼지만, 아울러 창의력도 향상되는 시간이다.

꽃 예술은 자연을 통해 미워했던 마음도 사랑으로 바꿀 수 있는 계기가 된다. 앞으로도 꽃과 같이 아름다운 세상을 만들어 가며 향기롭고 청정한 연꽃 동산을 만들 수 있도록 정진할 것을 다시 한번 다짐한다.

몽골에서의 아름다운 동행

24

보리수 아래 불자 장애인 시인들과 몽골 불교문화 순례를 다녀왔다. 그들은 육체적인 장애로 어려움도 많지만, 시를 수행 삼아 한 줄 한 줄 마음을 담아 글을 쓰며 많은 사람에게 감동을 안겨주고 있다.

여행에 어려움이 많은 회원들에게 아시아 불교문화를 접할 기회를 제공하며 아시아 장애인 간 국제 교류의 장을 만들고자 실시하는 뜻깊은 행사에 영광스럽게 지도 법사로 참여했다.

우리는 새벽부터 설레는 마음을 안고 인천공항으로 향했다. 오늘 이 순간을 부처님께 감사드리며 함께한 자원봉사자들과 지금 이 시각부터 우리는 가족이라는 맹세를 하고 비행기에 올랐다. 몽골 칭기즈칸 공항에 도착하니 장대비가 내리기 시작하고 울란바토르 시내는 온통

물바다가 되었다.

하지만 이 비는 우리에게 행복을 전달해 주고, 우리는 몽골을 위해 행복을 몰고 왔다고 다들 기쁘게 서로서로 달래주었다.

둘째 날부터는 아름다운 동행에 하늘도 감동했는지 화창한 날씨가 우리의 마음을 흡족하게 해 주었다. 몽골의 드넓은 초원과 끝없는 지평선 위에 소와 말들, 양 떼들이 한가로운 초원에서 노니는 모습은 매우 환상적이었다.

푸르른 하늘과 높고 아름다운 바위가 가득한 산줄기와 순박한 야생화로 넓게 펼쳐진 자연을 접하며 환호성이 그치지 않았다.

초원 그 자체가 자원이며 보고(寶庫)라고 느껴지는 순간이다. 지구와 태양을 상징하는 하늘의 별이 보이는 게르에 짐을 풀고 자연을 만끽하며 아리야발 사원으로 향했다. 부처님이 타고 다니셨다고 전해지는 코끼리를 형상화한 새벽 사원이다.

108계단은 코끼리의 코를, 아리야발 사원은 코끼리의 머리를 상징하여 조성했다고 전해진다. 그곳은 아쉽게도 휠체어가 오르기 힘들다고 하여 자원봉사자들과 이동이 가능한 장애인들만 참배하고 우리는 중간 정자에 모여서 들꽃 향에 취하여 시간을 보냈다.

현재 몽골에서 가장 큰 사원이며 과거 공산정권에서도 종교 활동을 보장받았던 완벽한 기쁨의 위대한 장소라는 간등 사원 예불 시간에 맞추어 몽골 스님들과 함께 기도를 했다. 약 20톤 규모의 웅장한 관세음보살 불상 앞에서 두 손 모아 『반야심경』을 독송했다.

몽골 역사박물관과 드넓은 칭기즈칸 광장에서 두 팔을 활짝 펴며 아쉬운 순례의 길을 마무리했다. 이번 여행은 보리수 아래 회원들과 아름다운 동행으로 서로 사랑을 나누며 친절함도 체험하는 멋진 행사였다.

지금도 그날의 추억이 담긴 사진을 보면서 무한한 공상의 날개를 펴고, 눈과 마음에 가득한 몽골 초원을 펼치며 여행하는 행복한 시간을 보내고 있다.

야생화의 노래

하늘 맞닿은 몽골의 초원에
이슬 머금은 야생화
청아한 아침 햇살 열리니
소박한 미소로 반겨준다

보일 듯 말 듯
작디작은 몸으로
온 들판 수 놓은
해 맑은 모습
낮은 자세로 눈 맞춰본다

풀벌레 반주에 맞추어
한들한들 노래하는
청순한 너의 목소리

양 떼들도 귀 기울이며 흥얼거린다

푸른 초원에 앉아
티 없이 순진했던
그때 그 시절
고이 묻어둔 사랑
살포시 피어오른다.

동지 팥죽을 나누며

25

오늘은 동지인데 함박눈이 펑펑 내리고 있다. 눈은 봄이 올 것이라는 상징이기도 하다. 옛사람들은 동짓날을 태양이 죽음으로부터 부활하는 날로 생각하고 경사스럽게 여기며, '작은 설'이라 하여 설 다음가는 큰 명절로 여겼다. 그래서 '동지 팥죽을 먹어야 한 살 더 먹는다'라는 말이 전해진다.

요즘 불교계에서는 부처님과 조상님들께 공양은 물론이고 지역 복지관 등을 찾아서 동지 팥죽을 나눈다. 우리도 (사회복지법인) 연화원이 운영하는 서울시 북부병원 법당에서 팥죽 나눔 행사를 했다.

병원 법당은 환자들의 쾌유를 발원하며 신행 활동을 하는 곳이다. 우리는 호스피스 병실을 찾아가서 축원을 올리고 세발과 목욕봉사도 한다. 코로나가 발병하기 전에는 능인스님과 함께 환자들의 쾌유를 기원하는 동지 음악법회도 했다.

능인스님께서 공연할 곡목을 보내주시면 참석자들도 같이 노래할 수 있도록 PPT로 만들어 화면에 띄워주었다. 음악 법회가 시작되면 환자들이 손뼉을 치며 즐거워하고, 스님들의 노래에 감동하는 모습도 흔히 볼 수 있었다.

그뿐만 아니라 지나간 자신의 모습을 회상하며 눈물을 짓는 이들도 자주 볼 수 있었다. 처음에는 걱정이 돼서 의사 선생님께 알아보니 노래하는 흥겨움에 흐르는 눈물은 환자들에게 약이 된다고 해서 안심했다. 오늘도 동지 팥죽 나눔을 마치고 강당을 돌아보니 노래 부르는 시간에는 아픔도 사라졌다고 즐거워하시던 환자들의 모습이 눈에 아른거린다.

코로나가 아직도 잠식되지 않았기에 음악법회는 못했지만 동지 팥죽을 나누며, 많은 환우들이 병으로 인한 아픔은 하얀 눈 녹듯이 사라지고 예전처럼 건강이 회복되게 해달라고 부처님 전에 두 손 모아 기원한다.

베푸는 삶은 자신을 행복하게 한다

26

12월을 맞았는데도 가을보다 더 포근한 날씨가 이어지더니 오늘 갑자기 하늘이 어두워져 겨울비가 추적추적 쉬지 않고 내리고 있다.

나는 온종일 비를 맞으며 연화원 20주년을 기념하는 '수어사랑 음악회 및 자비 나눔 한마음 행사' 준비에 이리저리 뛰어다니며 바쁜 시간을 보냈다.

30여 년 전 법산스님께서 원심포교당에 불교계 최초로 수어교육의 문을 열었다는 기사를 보고 찾아가 수어를 배우면서 청각장애인들과의 인연이 시작되었다. 오로지 눈앞에 말과 소리가 필요한 이들을 만나면서 나의 갈 길을 선택했다.

더 행복한 삶의 길을 함께 가기 위해 매주 만나서 수어로 법회를 진행했다. 그런 인연으로 10년 전부터는 법산스님께서도 동국대학교를 정년 퇴임하시면서 매달 장애인 가족법회에 오셔서 법문을 열어주시며, 우리에게 희망을 주고 계시다.

그들이 간절하게 바라는 소통을 수어로 현실적 바람의 충족에 조금이나마 도움이 되고 싶다는 마음 하나로 시작하여 오늘을 맞게 된 것이다.

일상생활에서 육체적인 장애를 딛고 일어나 우리 사회의 일원으로 함께 어울려야 하기에 '사회복지법인'을 설립하여 여러 가지 프로그램을 진행하며 지내온 세월이 어느덧 20주년이 되었다. 처음부터 화려한 계획보다는 함께하면 좋을 것 같다는 필요성을 느껴서 적극적으로 추진했다.

21세기는 문화 복지의 시대라고 외치고 있지만 장애인들에게는 대부분 관심 밖의 일이다. 청각장애인들은 수어 통역이 없이는 공연을 봐도 이해하지 못하고, 시각장애인들은 봉사자가 없으면 예술 문화를 접할 수가 없다. 그러한 안타까움을 달래며 꾸준한 노력으로 노래와 연극을 수어로 연습하면서 무대의 주인공으로 설 수 있는 '수어사랑 음악회'를 계획했다.

아울러 자비의 쌀과 장애인 자녀들에게 장학금을 지

원하는 나눔의 장도 함께 실천하기 위한 음악회를 매년 12월에 실시하고 있다. 우리의 간절한 발원을 읽고 법산 스님께서 매년 빠짐없이 오셔서 격려를 해주시고 일면 스님도 축사로 반겨주셨다. 능인스님은 노래는 물론이고 악기 연주로 우리를 맘껏 격려하며 신나는 시간을 열어 주신다.

국악인 남상일 씨도 매년 공연에 동참하셔서 장애인들에게 희망의 멜로디로 감싸주신다. 연화직업재활원 이용자와 부모님들도 매주 마하무용단장 명선화 보살님의 지도로 난타를 배워 무대에서 선보이고 있다.

올해는 가수 홍경민 씨가 20주년을 노래로 축하해 준다고 하여 모두 손꼽아 기다리고 있다. 연화원 식구를 비롯해 함께하는 장애인들은 우리들의 자비 손짓이 천리만리 울려 퍼져 장애인과 비장애인이 함께 어울리는 세상을 열어가기를 발원하고 있다.

지난 20여 년 동안 연화원을 변함없이 이끌어올 수 있었던 것은 항상 사랑으로 봉사하고 후원해 주신 모든 분의 덕분이기에 두 손 모아 감사드린다.

오로지 지극한 신심 하나로 무작정 다가가서 뛰다 보니 다른 단체처럼 번듯한 시설도 없고 부끄러운 마음 감출 길이 없지만, 앞으로도 변함없이 서로 손잡고 하나 되는 살맛 나는 세상이 될 수 있도록 최선의 노력을 다할 것이다.

우리도 예비 장애인

27

봄이 무르익으며 산과 들을 장식하는 꽃과 나무들이 공해와 스트레스에 시달리는 이들에게 활력을 준다. 겨울을 견디지 못해서 생을 마감한 식물들도 가끔 눈에 뜨인다. 누군가 따뜻하게 볏짚이라도 덮어주었다면 하는 아쉬운 마음도 있다.

"장애인이 행복하면 비장애인도 행복합니다.
장애는 고통스럽거나 불편하지 않습니다.
당신의 시선이 고통스럽고 불편할 뿐입니다.
세상에 모든 사람이 똑같이 생기지 않은 것처럼 장애인은 그저 다른 모습을 한 사람일 뿐입니다.
장애와 비장애가 아니라 그저 다른 모습과 다른 능력을 갖추고 더불어 사는 것입니다."

대한불교 조계종 장애인전법단 장애인 인식개선 리플릿에 실린 글이다. 4월은 장애인의 달이며 20일은 장애인의 날이다. 현대 사회에서는 장애인을 신체적 손상으로 생활에 제약이 있으며, 그로 인해 사회적인 불이익을 겪고 있는 사람이라고 정의한다. 불교 『약사경』에는 "사람에게 든 병(病)의 상태가 감소하거나 치료되지 않고 오랫동안 없어지지 않는 것"으로 정의되어 있다.

장애인은 누군가의 도움이 필요한 이들을 말하며 우리도 예비 장애인이다. 아직도 '장애인' 하면 왠지 낯설고 나와는 거리가 멀다고 생각하는 이들이 많다. 장애의 원인을 통계적으로 살펴보면 90% 이상이 후천적이다. 장애의 발생 원인은 교통사고와 산업재해와 환경오염이 으뜸이다.

현재 운전면허는 우리 모두의 필수가 되었다. 음주 운전 등 교통법규 위반 등으로 장애인이 증가하고 있다는 사실이 가슴 아픈 현실이다. 운전자들이 모든 생명을 존중한다는 상식적인 사고(思考)로 교통법규만 잘 지켜도 교통사고로 인한 장애는 얼마든지 예방할 수 있다.

장애인 비장애인 모두 우리의 가족이다. 이제는 차별과 편견보다 우리 모두 하나 되어 육체적인 장애의 아픔을 나누며 장애인들도 살맛 나는 아름다운 세상을 열어 갈 수 있도록 관심을 가져야 할 때다.

마음 고통을 치유하는 특효약

28

"사랑을 실천하라. 넓은 사랑으로 모든 생명을 구하면 좋은 일이 생겨 항상 행복하게 된다."라는 『법구경』 「비유경」의 말씀이 더욱 가슴에 와 닿는 순간이다. 나눔과 봉사는 불행을 행복으로 전환하는 큰 힘을 가지고 있다. 나눔을 실천하는 순간 '왜 나만 이렇게 불행하지?' 하는 마음은 어디론가 사라지고 함께 하는 행복을 느끼게 된다.

우리는 고통 없이 살 수 없는 세상에 살고 있으며, 고통이 없는 행복은 느낄 수가 없다. 요즈음 많은 분이 경제가 어렵다며 힘든 세상을 벗어나는 길을 가르쳐 달라고 애원하는 일이 갈수록 늘어난다.

불교방송에서 연화원 현황에 대해서 대담하는 나의 목소리를 듣고 꼭 만나서 인생 상담을 하고 싶다며 한 분이 찾아오셨다. 사춘기를 맞은 딸이 부유한 집안에서 맘껏 누리지 못하는 분노의 표현으로 하루에도 지옥문을 몇 번씩 드나들고 있다고 한다. 어떻게 살아야 할지 가슴이 저린다며 꼭 해결할 수 있는 해답을 달라고 울먹인다.

대화 속에는 어머니와 딸이 만족을 모르고 조금이라도 더 누리고 싶은 욕심 때문에 갈등하고 있었다. 사회복지 활동을 하며 자원봉사를 통한 치유가 월등함을 경험했기에 장애인 작업을 보조하는 봉사활동에 참여할 것을 추천했다.

삶의 의욕도 잃고 불평불만이 가득하던 엄마와 딸이 봉사활동을 시작하며 다른 세상을 만난 듯 의아해했다. 아픔도 잊고 맡은 일에 정성을 다하는 장애인들의 모습에 눈을 돌리지 못하고 감동하는 눈빛이 메아리로 진동하는 기분이다.

그동안 부모님에 대한 원망과 자식에 대한 분노도 어디론가 사라지고, 얼굴 맞대고 대화하는 모습을 보며 멀리서 미소를 한 아름 던져주었다. 곧 봉사활동을 통해 장애인들이 비장애인들의 스승이 되어 방황하는 마음을 내려놓는 방법을 일깨워주는 멋진 순간이었기 때문이다.

이처럼 고통은 각자 마음이라는 창구를 통해서만 치유할 수 있다.

불교 경전 『묘법연화경』에 상불경 보살은 "나는 당신을 가벼이 여기지 않습니다. 당신을 진심으로 존경한다."라고 말하며 만나는 사람마다 공손히 예를 올렸다고 한다.

남을 존중하며 상대방을 환희롭게 하는 일보다 더 멋진 삶은 없을 것이다. 봉사활동, 곧 나눔의 행(行)은 마음 고통을 치유하는 특효약이라는 것을 다시 한번 체험하는 순간이었다.

효도는 무량대복이 열리는 복 밭

29

이 세상 모든 사람은 행복을 갈망한다. 행복은 생활에서 충분한 만족과 기쁨을 느끼는 흐뭇한 상태를 말하며, 자신의 고통과 번뇌를 벗어나서 선행을 실천할 때 느낄 수 있다.

선행 중에 가장 으뜸 되는 것은 부모님께 효를 실천하는 것이고, 효는 곧 인륜의 가장 큰 근본이 되는 것이다. 오늘 음력 7월 15일은 백중이다. 이날은 불교 5대 명절 중의 하나로 부모님과 조상님들께 효를 실천하는 날이다.

백 가지의 과일과 음식을 부처님 전에 올리고 살아 계신 부모님의 만수무강을 발원하며 돌아가신 조상님을 위해 재를 올려 한량없는 은덕을 기리는 날이다.

『부모은중경(父母恩重經)』을 보자.

"어떤 사람이 부모의 은혜를 갚기 위해 왼쪽 어깨에 아버지를, 오른쪽 어깨에는 어머니를 업고 수미산을 백 번 천 번을 돌아 이 몸이 가루가 된다 해도 부모님의 깊은 은혜는 갚을 수 없다."

곧 부모가 자식을 사랑하는 마음은 한량없어 이 몸을 바치더라도 크나큰 은혜를 갚을 수 없다는 가슴 뭉클한 내용이다. 오늘의 나를 있게 해 주신 부모님께 드리는 최고의 효도는 온 가족이 서로 사랑하며, 즐거운 모습으로 행복하게 사는 모습을 보여 드리는 것이다.

가족들과의 대화로 부모님이 꼭 곁에 계셔야 한다는 것을 스스로 느낄 수 있게 해드리는 것도 좋은 방법이다. 현금이나 여행 등 물질적으로 베푸는 것도 중요하지만, 부모님의 주름진 얼굴을 미소로 바라보며 가슴을 활짝 열고 사랑하는 마음으로 따뜻하게 안아드리면 최고로 행복해하신다.

그 순간 천년의 근심을 잊고 미소 짓는 얼굴은 곧 부처님의 얼굴보다 더욱 밝게 빛나는 모습을 볼 수 있다. 이처럼 자식이 행복하면 부모님도 행복한 것이다. 효도는 무량대복이 열리는 복 밭이다.

부모님의 희생과 지극하신 사랑으로 오늘 내가 있다는 사실을 깨닫고 날마다 보은하는 날이 되기를 발원한다. 나의 부모님은 물론이고 우리 곁에 계신 모든 어르신께도 따뜻한 마음을 전하며 고통을 덜어드리는 것도 멋진 효를 실천하는 것이다.

어느 가정이나 사랑의 효를 실천하는 공덕으로 복과 덕이 함께 어우러질 때 진정한 행복의 길이 활짝 열리게 된다.

어머니를 어머니라 부르지 못하고

30

꽃 피고 새가 울면 더욱더 보고 싶은
아름다운 그 모습
어머니 얼굴

잡은 손 뿌리치고 돌아선 이 자식은
어머니를 어머니라 부르지 못하고
한평생을 불효함에 가슴을 조이며

아 아아아 아 아아 아아아 소리 내어 불러보는
그리운 어머니 사랑하는 우리 어머니
어머니 만수무강하옵소서

노란 낙엽 지면 더욱더 생각나는
거칠어진 손마디 주름진 얼굴

언제나 찾아뵐까 가슴을 조이지만
이 자식의 이름 한 번 부르지 못하고
한평생을 그리움에 가슴을 조이신

아 아아아 아 아아 아아아
소리 내어 불러보는

그리운 어머니 사랑하는 우리 어머니
어머니 만수무강하옵소서.

내가 부른 찬불가요 "소리의 향기 2집"에 실린 '사랑하는 우리 어머니' 노래 가사다. 세상의 어머니들은 오로지 자식에 대한 헌신으로 일생을 사시는 분들이다. 나는 어머니에 대한 고마움과 미안한 마음을 담아 시를 쓰기 시작했고, 그 시에 능인스님이 노래를 만들어 주셨다. 공연이 있을 때면 이 노래를 자주 부르고 낭송도 하며 많은 이들이 어머님의 감사함을 느끼게 하고 있다.

나이가 들수록 어머니라는 단어는 마음을 뭉클하게 한다. 어릴 때 어머니의 손을 잡고 절에 따라다니던 인연으로 해서, 지금은 출가하여 부처님 제자가 되었다. 내가 불교의 기본교육을 마치고 장애인 법회를 위한 법당을 마련했을 때, 어머니가 짐 보따리를 싸 들고 오셔서 나와 함께 수행하게 되었다.

40년이 흐른 지금도 어머니는 나의 손을 놓지 않으신다. 절에서 공양주 역할을 하며, 법당 청소는 물론 온갖 살림을 맡아서 하시고 남은 시간엔 기도 수행에 여념이 없으시다.

아버지의 사랑

31

6월은 호국 선열의 달이다.

우리나라를 위해 목숨을 바쳤던 수많은 순국선열과 호국영령들이 나라를 지키기 위해 자기희생을 아끼지 않은 보살도의 정신을 깨우쳐준 의미 있는 달이다.

요즘 우리 사회는 언제부터인가 개인주의화되어 대화와 의사소통이 단절되고 남에게 화풀이를 서슴지 않는 세상으로 변화되고 있다. 이렇게 왜곡된 현대사회에서 국가와 민족을 위해 희생했던 호국선열들의 정신을 더욱 간절히 되새기게 된다.

돌아가신 아버지가 더욱 그리워지는 계절이다. 아버지는 6.25 참전용사이자 나라를 지극히 사랑하는 고귀한 애국자셨다. 호국선열과 호국영령들의 은혜를 잊지 않고 감사한 마음을 잊지 않아야 한다고 언제나 강조하셨다.

그러한 마음가짐이 아버지의 애국정신에 맞는 자녀가 되고 참다운 국민이라는 말씀이 요즘 더욱 생생하게 들린다.

지금 우리들의 풍요롭고 자유로운 삶은 바로 그분들의 생명을 바쳐 만들어 주신 것이기에 행복하게 잘 살아야 한다고 하셨다. 오랜만에 동생들과 함께 아버지가 좋아하시는 과일과 차를 준비하여 대전 현충원으로 향했다.

아버지와 함께 계신 호국영령들의 가지런한 비석들에 이름은 더욱 빛났고 앞에 놓인 꽃들도 더욱 정중하게 맞이하는 느낌이었다.

우리는 아버지가 좋아하시던 불교 경전을 목탁 소리에 맞추어 독송하며 이곳에 계신 영령들께도 감사드리고 왕생극락을 발원하는 축원을 올렸다. 또 평상시에 좋아하시던 노래도 몇 곡 들려드렸다. 그리고 묘지 앞에 앉아 아버지와 무언의 대화를 나누며 시를 한 편 적어본다.

미소 짓는 무덤에서

먹구름 헤치고
나뭇가지 사이로 내민 햇살
소리 내어 불러보는 그 이름

백팔염주 목에 걸고
세파에 기둥 되라며
온몸 바쳐 쌓은
삶의 향기 전하시다
피안의 언덕 넘어가신
아버지

세월의 흔적에
적시는 눈물 한 방울
가슴 속 묻어둔
보고 싶은 얼굴

현충원 묘소에서
미소 짓는 아버지 모습에

다소곳이 안긴다
바람결에 다가오는
아버지의
따사로운 손길

보름달 같은 여유로운 삶

32

처서를 맞으면서 아침저녁으로 선선한 가을바람이 방 창문 사이로 파고든다. 그동안 초록빛 가득히 수놓던 은행나무도 벌써 노랗게 새 옷을 갈아입을 준비를 하고 있다. 마치 시샘이라도 하듯이 길 너머 있는 아파트 사이사이 나뭇잎들도 곱게 물들어 가고 있다.

여름 내내 가까이하던 에어컨과 선풍기도 이제 외면하니 은근히 섭섭해하는 느낌이다. 가을에는 조상님과 부모님께 효를 실천하는 추석 명절이 있기에 더욱 부모님 생각이 난다. 추석날은 각자의 생활에 충실하던 가깝고 먼 가족들이 서로 만나서 집안 어르신들께 감사의 인사를 드리는 날이다.

얼마 전 책을 읽다가 조금 낯선 구절을 보았다. "요즘 어른들이 제일 좋아하는 선물은 오로지 현금뿐"이라고 한다. 돈을 드려야만 기운이 나신다며 돈이 최고의 효도라고 강조했다. 저자분께서 아직은 부모님의 깊은 마음을 제대로 파악하지 못한 것 같아서 아쉬웠다. 물론 부모님께 현금이나 여행 등 물질적으로 베푸는 것도 중요하다.

부모님들은 병원에서 눈을 감으면서도 오로지 자식의 행복을 발원하시는 분들이다. 자식들이 행복하게 사는 것을 보기 위해 온갖 희생에 눈물을 머금으며, 어느 부모님이나 평생 자신을 위해 행복한 시간을 가져본 적은 없으실 것이다.

우리는 자식된 도리로 부모님께 드릴 수 있는 가장 좋은 선물은 가족들과 서로 사랑하며 자부심을 가지고 행복하게 살아가는 모습을 보여드리는 것뿐이다. 결국 자식들이 긍정적인 마음으로 행복하게 살아가는 것이 곧 부모님의 행복이며 최고의 효도가 된다. 가정은 몸과 마음이 하나로 뭉친 가족 모두에게 행복을 가져다주는 보금자리다. 추석을 맞아 보름달처럼 여유로운 마음으로 가족 모두를 사랑하며 효를 실천하는 뜻깊은 명절이 되기를 기원한다. 『법구경』 '행복'을 보자.

"여기 영원한 내 소유는 없지만
생의 이 기쁨을 만끽하라.
생의 이 기쁨 속에서
빛 그 자체가 되어 살아가라."

어르신들께 봉사 공연에 갈 때면

33

온 세상이 초록 옷을 입고 꽃들은 화사한 아름다움을 뽐내는 계절이다. 길어진 낮과 이마에 흐르는 땀방울이 다가온 여름을 느끼게 한다. 코로나로 3년 동안 많은 일상이 혼란 속에서 흐르다가 이제는 조금씩 안정을 찾는 것 같다.

코로나로 인한 사회적 문제가 있기 전에는 의미 있고 바쁜 하루하루를 보내곤 했다. 노인요양원이나 복지관 어르신들께 정기적으로 노래 봉사 공연에 갈 때면 이른 아침부터 무척 분주했다.

오랫동안 기다리다 함께 손뼉 치고 부르는 노랫소리에 즐거워하는 어르신들의 모습을 보면 더 신바람이 났다. 일과가 어떻게 시작되고 끝나는지도 모를 만큼 하루 종일 마음이 설렜기 때문이었다. 마음만 먹으면 언제나

가능했던 봉사활동을 할 수 없게 된 이유는 바로 코로나가 전염될까 봐 많은 사람을 모이지 못하게 하고, 서로를 격리해야 했기 때문이다. 그뿐 아니라 매년 연말에 '수어 사랑 음악회'를 할 때도 법적 지침에 따라 한정된 인원만을 초대해야 했다. 방청석이 텅 빈 상태에서 무대를 향한 녹화 카메라만 바라보며 공연해야 했던 그때가 어제처럼 아픔으로 다가온다.

코로나가 예전처럼은 아니더라도 이제는 많이 나아져서 나름대로 자유로워진 활동을 할 수 있게 된 것 같아 기쁘고 설레는 마음이다.

그동안 주춤했던 일들을 어디에서 어떻게 다시 시작해야 할지 아직은 어수선하지만, 그나마 자유로운 활동을 할 수 있다고 생각하면 나도 모르게 알 수 없는 미소를 짓게 된다. 지나온 길을 돌아보니 벌써 반년이 흘러갔다. 세월이야 소리 없이 흐르지만, 그동안 코로나로 방일했던 몸과 마음도 몇 년의 시간을 말해주듯이 예전 같지 않다.

침침한 눈으로 책장을 넘기다 차 한 잔을 마시며 창밖을 본다. 파란 하늘에 흰 구름은 한가롭고 간간이 부는 산들바람에 나뭇잎이 춤을 춘다. 이제부터 긍정적인 에너지와 소중한 추억으로 다시 시작하자는 내 마음의 꿈과 희망을 말해주듯이 기나긴 깜깜한 밤이 지나고 나면 밝은 새벽빛이 밝아 오리라고 생각한다.

어머니의 풍경 소리

34

불교에서는 생로병사(生老病死), 태어나고 늙고 병들고 죽는 일을 인생의 4가지 괴로움이라 하여 4고(四苦)라 한다. 이 4가지 고통은 그 누구도 대신해 줄 수가 없다. 특히 병(病)은 시간과 장소를 가리지 않고 예고 없이 불청객처럼 찾아와서 사람들을 고통스럽게 한다.

여기에 더하여 8고(八苦)로서 애별리고(愛別離苦), 원증회고(怨憎會苦), 구부득고(求不得苦), 오온성고(伍蘊盛苦)를 말한다. 사랑하는 사람과 헤어지는 것이 고통이고, 증오하며 원수진 사람과 다시 만나게 되는 것이 고통이고, 얻고자 하는 것을 원하는 대로 다 얻을 수 없는 것이 고통이고, 인간이라는 오온(色受想行識: 색수상행식) 덩어리 자체가 고통이라고 한다.

큰 권력과 재산 명예를 가지고 있어도 병의 고통을 피

할 수 없다. 또 병은 아픈 사람 당사자만이 아니라 부모 형제 및 주위에 인연을 맺고 있는 모든 이들의 몸과 마음을 고통스럽게 한다.

우리나라는 현재 고령화 사회로 변화하면서 노환으로 병원에 입원하여 자비의 손길을 기다리는 이들이 늘어나고 있다. 이때를 즈음하여 자비행을 실천하기 위한 발원으로 연화원에서는 망우리에 있는 서울시 북부병원에 불교 법당을 설립하여 봉사하고 있다.

일반 환자들은 물론이고 임종을 앞둔 호스피스 환자들의 정기적인 기도와 법회를 통해 부모님의 자식 사랑에 깊이 감동하게 되었다. 부모님들은 결국 내 한 몸 부서져서 죽더라도 자식만큼은 고통 없이 잘 살게 해 달라며 움직이지도 않는 두 손을 모아 합장하고 기도하신다.

죽음을 앞둔 당신의 아픔은 잊고 자식을 축원해 달라는 모습에 봉사 현장에 나온 우리는 눈물을 보이지 않을 수 없다. 부모님이 자식을 사랑하는 아름다운 마음은 누구도 흉내 낼 수 없으며 이 마음이 바로 부처님 마음이다.

나도 부모님의 마음을 닮아가기 위하여 노력할 것을 발원하며 한 구절 어머니의 풍경 소리를 시로 엮었다.

어머니의 풍경 소리

금빛 노을 내려앉은 산자락
나부끼던 수풀 가쁜 숨을 삼키고
뭉게구름 쉬어가는 고요한 산사
땡그랑 땡, 땡그랑 땡
처마 밑 물고기 바람에 기대어
눈물 소리로 나를 부른다

이 세상 무엇과도 바꿀 수 없는
잔잔한 미소로 어루만져 주시던
어머니 어머니

잡은 손 뿌리치고 돌아선 이 자식 그리워
가슴 조이며 황혼빛 그늘에서
옥 같은 모습 사라진 어머니
긴 세월 불효함에 가슴 깊이
묻어둔 눈물 감추며 풍경 소리에
어머니의 사랑 담아 바람에 실려 보낸다.

3부

인생지사 새옹지마

바람에 흩날리는 낙엽들이 다음 해에
새로운 새싹을 틔워주기 위해
자신을 내려놓는 자비로운 모습에
고개를 숙이며 내 마음을 들여다본다.

노력은 성공의 지름길

35

1년 중에 가장 더운 삼복더위가 지나고 있다. 나의 생활 공간인 빌딩 숲에서는 가만히 있어도 땀이 흐르고, 조금이라도 움직여 일할 때 흐르는 땀을 막을 길이 없다. 요즈음은 더위를 식힌다는 생각보다는 하던 일도 모두 접고 그저 편안히 쉬고 싶은 마음뿐이다.

오늘도 역시 잠시 일을 미루고 두 발을 뻗고 쉬려는 순간 일일부작 일일불식(一日不作 一日不食)이라는 삶의 교훈으로 되새기던 문구가 눈앞에 다가온다. "하루 일을 하지 않으면 그날은 밥을 먹지 말라."는 백장선사의 말씀으로 불교의 수행 준칙의 뜻깊은 가르침이다.

중국 당나라 때 백장회해(百丈懷海) 스님이 95세의 노환에도 하루도 빠짐없이 일하셨는데, 젊은 제자 스님들이 이를 지켜보다가 송구스러워 몇 차례 만류했다. 그래도 계속 일을 하셔서 하루라도 쉬시라는 의미로 스님의 연장을 감추었다. 그런데 백장스님께서 공양(식사) 시간에 참석하지 않으셔서 모시러 갔더니, "하루 일하지 않았으니 하루 먹지 않겠다."라고 하셨다.

결국 무슨 일이든 준비가 없으면 나중에 곤란을 받으니 수행자들은 어떤 일이든 열심히 정진하라는 무진 법문이다. 사람들은 자신이 추구하던 일을 꾸준한 노력으로 달성했을 때 크나큰 보람을 느낀다. 하지만 아무 일도 하지 않고 방일한다면 인생의 참다운 행복은 평생 누릴 수 없을 것이다.

노력하지 않고 성공하고 싶어 하는 허망한 꿈을 안고 사는 이는 씨앗도 심지 않고 꽃이 피고 열매가 맺기를 바라는 어리석은 사람이다. 누구나 간절히 바라는 성공이란 노력의 산물이고 땀의 결과다.

우리의 삶을 되돌아보면 쉽게 원하는 대로 이루어지는 일은 없다. 언제나 목표를 향해서 힘든 고통도 이겨내고 땀 흘리며 꾸준히 노력해야만, 세상에서 제일 보람된 성공의 꽃을 피울 수 있다. 그 꽃이 피어나는 순간 암울했던 인생의 먹구름이 사라지고 행복의 햇살이 비칠 것이다.

모두가 우리들의 스승임을 생각하며

36

우리는 삶을 살아가는 동안 특별한 날이나 인물을 선정하고 기념일로 지정하여 나름대로 의미 있는 행사를 연다. 그중에서도 초등학교부터 중 · 고교 · 대학을 졸업할 때까지 만나고 헤어진 스승님들은 내가 어른이 된 이후에도, 또 생을 마감하는 날까지 어렵거나 행복할 때 가장 빛나는 분들이시다. 이와 관련한 기념일이 바로 스승의 날이다.

많은 스승님께 배우면서 유독 인품에서 나오는 것을 배웠기에, 더욱 감사한 마음을 잊지 않고 있는 날이 '스승의 날'이다.

어린 시절에는 스승이라는 단어가 어색할 뿐 아니라 크게 관심도 두지 않았었다. 초등학교를 졸업하는 날 친구를 비롯한 선생님에 대해 감사함을 생각하며, 한 학년

동안 정들었던 교실과 헤어지는 것에 대한 안타까운 마음에 노래를 부르면서 눈물을 흘렸던 기억이 있다. 아마도 새로 입학할 중학교에서 다른 친구들을 만난다는 것에 대해 두려운 마음도 컸을 것이다.

돌이켜 생각해 보면 태어나서부터 한평생을 사는 동안 걸어온 길 한 걸음 한 걸음이 모두 스승의 가르침이란 은혜의 옷을 입고 걸어온 것이다. 아직도 스승에 대한 감사함을 잊지 않고 가슴속 깊이 간직하고 있다.

어느덧 삶이라는 일상의 물결에 휩쓸려 뒤를 보는 순간보다는, 앞에서 벌어지는 것에 매달려 당장 시급한 일들로 헐떡이고 있다. 순간순간 일어나는 것만으로 바쁘다는 핑계를 대며 차일피일 미루면서 제자로서의 본분을 다하지 못함에 눈시울이 뜨거워짐도 나이가 들수록 철이 듦이 아닐까 싶다. 무슨 일이 그렇게 많고 바쁜지 하루하루가 눈 깜박임 속에 지나가고 있다.

자고 나면 내일을 향한 삶에 이끌려 오늘도 감사의 마음만 가질 뿐 찾아뵙지를 못하면서 죄송한 마음만 가득하다. 이제부터 스승의 날이 아니더라도 많은 가르침과 인품의 향기를 가득히 심어준 스승님을 찾아뵙고 인사드려야겠다. 스승님의 따듯한 미소와 지난날의 감사함을 생각하면서 따뜻한 차 한 잔의 예를 올리는 것이 제자의 도리라고 생각한다.

벌써 석양빛을 느끼는 나이가 들면서 스승님의 고운 노을이 지기 전에 하루라도 빨리 뵈어야겠다.

37

마음이 웃음으로 열리는 순간

설날을 맞아 새로운 마음과 각오로 희망찬 한 해를 계획해 본다. 올해는 작년보다 더 열의에 찬 삶을 살겠다고 자신과 굳은 약속을 해본다.

멋진 삶이란 '성불과 행복으로 가는 인연을 심는 농사'라고 표현하고 싶다. 나도 행복이라는 농사를 풍족히 짓기 위해 올해는 억지로라도 많이 웃으려고 한다. 웃음이 인생의 기쁨과 행복을 만들어 준다.

하루 종일 웃는 사람이 건강해진다는 강의도 많이 들었다. 밖을 다니면서 지나가는 모르는 이들 앞에서 웃으려니 쑥스러워 혼자서 고개 숙이고 웃는 연습도 했다. 기분 좋은 사람을 만나도 웃고, 불쾌한 사람을 만나도 웃으라고 하는 이야기도 생각난다. 웃으면 좋은 일도 많이 생길 것 같은 기분이다.

불교 경전 『잡보장경(雜寶藏經)』에 나오는 이야기다. 어떤 사람이 하는 일마다 풀리지 않아 부처님을 찾아가 호소했다.

"부처님 제가 하는 일마다 제대로 되는 일이 없으니 무슨 까닭입니까?"
"그것은 네가 남에게 베풀지 않았기 때문이니라."
"저는 아무것도 가진 게 없는 빈털터리입니다. 남에게 줄 것이 아무것도 없습니다."
"그렇지 않으니라, 아무리 재물이 없더라도 베풀 수 있는 것이 일곱 가지가 있다."

첫째, 화안시(和顔施)는 항상 얼굴에 밝은 미소를 띠고 부드럽고 정답게 대하는 것이다. 얼굴에 환하고 기쁨 가득한 미소를 머금은 표정은 그 자체로도 주위의 많은 사람에게 편안함을 주는 소중한 보시(布施)이다.

둘째, 언사시(言辭施)는 부드럽고 선한 마음으로 상대를 대하는 것이다. 좋은 일이 있거나 힘든 일이 있어도 격려하고 다독이는, 곁에 있는 분들에게 사랑과 밝은 말을 전하고 누구에게나 양보하고 칭찬하는 것은 아무리 많이 해도 모자라지 않다.

셋째, 심시(心施)는 착하고 선한 마음을 갖추어서 상대와 대화를 하는 것이다. 즉 언제든지 착한 마음, 선한 마음으로 사람들에게 가득 베풀어야 한다.

넷째, 안시(眼施)는 호의를 담아 부드럽고 편한 눈빛으로 상대를 대하는 것이다. 부드럽고 따듯한 눈빛만으로도 다른 이들에게 충분한 보시가 된다.

다섯째, 신시(身施)는 몸으로 상대방을 도와야 한다. 몸이 불편한 사람이 넘어지거나 물건이 지나치게 무거울 때 도와주고, 타인에게 즐거운 말로 인사를 하고 반갑게 악수하며 격려해 주는 것도 보시행이다.

여섯째, 상좌시(床座施)는 버스나 지하철이나 장소가 협소할 때 자리를 내어주는 양보를 말한다. 힘들고 나이 많으신 분들을 위해 먼저 내어주고 비워주는 보시행을 말한다.

일곱째, 방사시(房舍施)는 상대방이 편안히 누워 쉴 수 있는 공간을 제공하는 것을 말한다. 지금은 많지 않은 보시행이지만 누구든지 힘든 분들에게 편안함을 제공하라는 것이다.

부처님께서 말씀하시기를 "너희가 이 일곱 가지 보시

행을 습관처럼 온 마음과 몸과 정신에 가득 채운다면 비로소 너에게 행운이 저절로 따라온다." 하셨다.

가슴에 가득 채운 욕심을 내려놓고 순간 만족해하는 기운이 웃음을 불러온다. 웃을 수 있는 것은 마음에 기쁨으로 가득 찼다는 표시다. 열린 기운은 나 혼자만이 아닌 이웃에게도 그 기쁨을 선물해 주는 것이다. 상대방을 진심으로 대하고 지혜를 나누려는 마음이 바로 행복이고, 아름다운 마음이 곧 환한 웃음으로 전달해 준다. 언제나 기분 좋은 생각으로 웃는다면 행복한 오늘, 행복한 한 해를 열어갈 수 있다.

38

자비심이 주는 행복한 세상

추운 겨울을 맞으며 외로이 홀로 남아있던 나뭇잎도 떨어지고 빈 가지만 앙상하게 추위를 맞고 있다. 나무에서 떨어진 잎들은 군데군데 수북이 쌓여있고 바람이 부는 대로 이리저리 뒹굴고 있다. 바람에 흩날리는 낙엽들이 다음 해에 새로운 새싹을 틔워주기 위해 자신을 내려놓는 자비로운 모습에 고개를 숙이며 내 마음을 들여다본다.

사람들은 누구나 각자가 소화할 수 있는 크기의 그릇을 가지고 있다. 자기 그릇의 크기를 정확히 알고 맞추어야 하는데 남의 몫을 내가 가로채서 무조건 많이 가지려는 욕망이 있기에 쉽지 않다. 욕망이 지나치면 그릇에 담지 못하고 넘쳐서 흘러내리게 된다. 적게 소유하고 고마워하고 만족할 줄 아는 삶의 지혜를 터득하는 것이 정말로 중요하다. 결국 행복의 비결은 적은 것을 가지고도 만족할 줄 아는 마음이다.

만족함을 알고 행복한 세상으로 바꾸는 것은 거대한 힘이라고 생각하지만, 그 힘 역시 한 사람 한 사람의 에너지가 모여서 만들어진다. 나의 마음부터 따뜻하게 가꿔야 세상을 바꿀 수 있기 때문이다. 만족스러운 마음은 자신을 평화롭게 하고 너와 나를 하나로 만들고 세상을 아름답게 만들어 가는 기틀이 된다.

행복과 평화를 만들기 위해서는 자비심이 근본이다. 자비는 부모님의 사랑 중에 어머니의 사랑을 생각한다면 쉽게 이해될 것이다. 그런데도 많은 사람은 자신의 마음을 다스리지 못해서 고통스러워하고 있다.

불교 경전 『법구경』에 "착한 사람의 선행은 바람을 거슬러 세상의 끝까지 전해진다."라고 했다. 사람이 배우지 않아도 가지고 있는 뛰어난 재능 중 하나가 바로 자비로운 마음이다. 나의 자비심과 행동 하나가 세상의 빛을 더하고 아름다움을 더한다.

우리 마음속에 가득한 자비의 마음도 자꾸 연습하고 잘 사용해야 한다. 우리 모두 행복을 전달하며 함께 누리는 그런 세상을 열어갈 수 있기를 발원한다.

칭찬이 곧 사랑이다

39

만물이 생동하는 봄이다.

사람들은 꽃바람의 유혹에 향기를 느끼며 삶의 충전을 위해 산을 오른다. 산을 오를 때면 지름길로 빨리 가기를 원하지만, 너무 급하게 올라가면 금방 지치고 정상에 오르는 것을 포기하게 된다. 또 산기슭에서 반겨주는 자연의 숨소리와 꽃향기에 실려 오는 부드러운 대화를 들을 수 없고 아름다움을 느낄 수도 없다. 그러기에 정상에 빨리 오르려고 애쓰기보다는 천천히 더 많은 풍경을 감상하면서 걸어가는 것이 인생살이나 등산에 똑같이 적용되는 삶의 지혜라고 생각한다.

산을 오르며 반려견들도 주인을 따라 나와 낯선 풍경에 즐거워하는 모습을 자주 본다. 요즘은 반려동물로 강아지를 기르는 이들이 갈수록 늘어가고 있다. 강아지와 함께 산을 오르며 배경을 설명해 주면서 천천히 산에 올라가자.

어서 와, 조심히 올라와, 돌에 넘어지지 말라는 당부 등등, 반려견과 대화하며 즐거운 모습으로 걷는 모습도 익숙해졌다. 가끔 힘들다고 거부할 때는 큰소리로 야단을 치지 말고 잘 따라온다고 칭찬을 해주니 강아지가 더 기뻐서 총총 잘도 걸어간다. 주인보다 더 열심히 뛰어가는 강아지의 모습을 보면서 뒤를 따라 오르던 나도 힘이 들지 않고 덩달아 기분이 좋아져 미소가 끊이지 않는다.

칭찬하고 안아주고 쓰다듬어 주는 모습에서 사랑이 솟아난다는 귀한 가르침을 배우는 순간이다. 반려견도 주인에게 사랑받는 비결 중 하나는 무슨 말이든 빨리 알아듣고 실천해야 한다는 것을 깨달은 듯하다.

사람들도 꼭 알아야 할 일이다. 우리는 바쁘다는 핑계로 서로의 이야기를 흘려듣거나 잊어버리는 경우가 많다. 그런데 강아지들은 무슨 이야기든 주인 앞에 다소곳이 앉아서 듣고, 고맙다는 것인지 잘 알았다는 것인지 꼬리를 흔들며 반응을 보인다.

애완견은 주인이 가는 곳은 어디든지 따라다니며 마음을 나누고 사랑을 독차지한다. 누구든지 잘 새겨듣고 이해하려고 노력하는 것은 그 사람을 사랑하고 신뢰한다는 것을 강아지가 우리에게 가르쳐주고 있다.

봄이 오는 소리에 삶의 리듬을 만끽하면서 오늘만이라도 서로의 눈을 바라보며, 서로 같이 있는 그 순간만이라도 공감하는 시간을 만들어 가기를 발원한다.

고마운 친구, 휴대전화

40

휴대전화는 항상 나와 눈 맞추며 손끝을 따라다닌다. 각종 정보와 지식을 쌓아주며 내가 필요한 자양분을 가득 모아 주고 보람된 삶의 길을 열어준다. 오랫동안 잊었던 기억도 찾아서 싱그러운 추억을 마음속에 키워주는 고마운 친구이다.

더욱 고마운 것은 각종 필요한 물건도 터치만 하면 전국 어디서나 즉시 배송된다. 또 가고 싶은 곳이 있으면 우리나라 산사는 물론이고 세계 어느 나라도 곳곳을 마음대로 즐길 수 있도록 도와준다.

궁금한 일도 속히 찾아 해결할 수 있게 알려주고 국내외 크고 작은 새로운 소식도 빠른 속도로 전파해 준다. 요즘은 남녀노소 불문하고 휴대전화는 필수품이 되었으니 그를 사랑하지 않을 수 없다. 한없이 많은 핸드폰의

성능은 모든 정보가 얼마나 빠른가로 결정되기도 한다.

어느 날 휴대전화가 갑자기 작동이 멈추었다. 미리 신호를 주었을 텐데 알지 못해서 서운했던 것 같다. 언제 어디를 가더라도 쉬지 않고 곁에 두고 사용하면서 휴식 시간을 주지 않고 빠른 정보를 제공해 주기만을 바랐다. 핸드폰이 멈추니까 모든 일이 마비되고 아무 일도 할 수가 없었다.

예전에는 사람들의 전화번호를 다 외웠는데 지금은 가족의 번호도 기억하지 못하기 때문에 어려움이 많았다. 급히 연락하려니 전화번호가 아른거려서 다행히 수첩의 메모를 보고서야 알게 되었다. 망설이다가 옆에 있는 분께 부탁하여 전화하니 색다른 번호여서인지 통화할 수가 없는 안타까운 순간이었다.

옛날에는 길가에 공중전화가 있어서 일이 생기면 아무 곳에나 연락할 수 있었는데 휴대전화가 활성화되면서 공중전화도 어디론가 사라졌다. 이제야 그때 그 시절 공중전화의 고마움도 알게 되었다.

우리는 핸드폰의 기능만이 아니고 누구보다 더 빨리 해야 한다는 속도의 경쟁 속에서 성격도 '빨리빨리'라는 이름으로 급해지고 있다. 직장에서 누구보다도 먼저 승

진하고 집을 빨리 사는 사람을 부러워한다. 그러나 때로는 쉬어 가면서 나를 돌아볼 줄 알아야 속도의 경쟁에서 자기 인생의 방향을 잃는 일이 줄어들 것이다.

요즘은 매우 살기 편한 세상이다. 그러나 많은 정보 속에서 한발 물러나 그 진위를 찬찬히 생각할 여유와 신중함을 잃고 있지는 않은가 반성할 일이다. 일상에서 이렇게 내가 아는 것이 진실인지 거짓인지 살피는 자세야말로 내 삶 전체의 진실한 가치를 바로 보는 혜안을 길러 주게 된다.

송편에 담긴 선조들의 지혜

41

아침저녁으로 서늘한 바람과 나뭇잎이 예쁘게 변하는 모습이 가을의 향기를 느끼게 한다. 가을을 맞으며 민족의 대명절 추석이 다가온다. 추석은 가족들이 만나서 부모님과 집안의 어르신들께 감사를 드리고 조상님의 은덕을 기리며 차례를 올리는 날이다.

추석이 가까워져 오니 어릴 때 생각이 난다. 추석은 아주 많이 손꼽아 기다리던 명절이었다. 아무리 형편이 어려워도 부모님은 새 옷과 맛있는 음식을 많이 준비해 주셨다. 추석은 선물 받은 새 옷을 입고 동네를 뛰어다니며 자랑하고 맛있는 음식도 마음껏 나누어 먹는 날이기에 더욱 기다렸다.

어린 나는 집안에 작은 도움을 드리기 위해 노력했다. 학교에 다녀온 후 책가방을 던져놓고 소쿠리를 들고 친구들과 산으로 향했다. 송편을 만들기 위해서는 솔잎을 넣어야 한다고 해서 거의 며칠 동안 솔잎을 따서 이웃에 골고루 나누어 주곤 했다. 친구들과 산에 올라서 소나무 가지를 꺾으며 솔잎을 따는 그 순간은 학교에서 공부하는 것보다 훨씬 더 신나고 좋았다. 이렇게 재미있는 추석이 한 달에 한 번씩 돌아오면 좋겠다고 어른들께 말씀드렸다가 야단을 맞기도 했다.

동네 사람들이 모여 느티나무 밑에 자리를 깔아놓고 어머니들이 쌀가루를 반죽해 주시면 우리도 어른들 틈에 끼어서 제일 예쁘고 맛있는 송편을 만들려고 노력했다. 가마솥에 솔잎을 골고루 깔아서 나뭇가지를 태우며 예쁘게 빚은 송편을 찌던 기억이 잊히지 않는다.

제사상에 내가 만든 송편이 올라갔다고 자랑하며 조상님들께도 더욱 맛있게 잡수라고 하면서 너스레를 떨기도 했다. 그러나 동네 이웃들이 함께 웃으며 선물을 교환하고 차례를 준비하던 풍경이 언제부터인가 사라져서 안타까운 마음이다.

지금은 세상이 변하여 각자 집에 모여서 송편을 만드는 것보다 시장에 가서 사든지 전화로 주문하여 차례를 올린다. 송편 모양과 송편 소, 반죽 색상이 다양하게 변했다.

예전에는 송편을 찌려면 그냥 이유 없이 솔잎을 넣어야 하는 줄 알았다. 그러나 나중에 인터넷으로 솔잎의 특성을 읽으며 깜짝 놀랐다. 솔잎이 향기만 좋은 것이 아니라 향 자체가 향신료이자 방부제 역할도 한다고 쓰여 있었다. 오래 두어도 쉬지 않고 피로 해소와 감기 예방에도 좋은 성분이 있다고 한다.

당시는 냉장고가 없어서 오로지 서늘한 그늘과 바람이 냉장고 역할을 해주었다. 그래서 여름에서 가을로 넘어가는 환절기에 감기 예방으로 솔잎을 사용한 것이라고 한다.

송편 하나에서도 우리 조상님들의 지혜가 탁월하시다는 것을 다시 한번 느껴본다.

간식으로 칡뿌리를 먹으며

42

계묘년의 아쉬운 이별을 하는 날이 다가왔다. 아직도 해야 할 일들이 기다리는 듯하고, 1년 동안 순간순간 마음이 어떠했고 순간순간 생각이 얼마나 중요했던가를 돌아보게 한다. 책상에 턱을 고이고 앉아서 한 해를 돌아보는데 초등학교 친구에게 연락이 왔다. 서로 목소리를 확인하고 너무도 반가워하며 어린 시절 이야기로 꽃피웠다.

친구와 이야기를 나누다 보니 요즘 젊은이들은 상상하기 어려운 시절을 보냈다는 것을 실감하게 되었다. 우리 또래가 어린 시절에는 쌀밥을 마음대로 먹을 수 없었다. 쌀밥은 가족들의 생일이나 이웃 어른들의 생신을 맞아야 서로 나누어 먹을 수 있었다. 그 맛에 감동하여 명절이나 동네 이웃 어른들의 생일을 손꼽아 기다리곤 했었다.

내가 다니던 초등학교는 산과 들로 둘러싸여 있어서 학교에 가려면 논과 밭을 지나 언덕을 넘고 넘어서 십 리를 걸어서 갔다. 동네에서는 자동차를 볼 수 없었고, 급할 때는 자전거나 마차로 이동했다.

학교에서 돌아오면 마루에 가방을 던지고 뛰어나가 밭에 계시는 어른들의 농사일을 도와드리거나 꽃과 나물을 뜯었다. 간식으로 칡뿌리를 먹으면서도 불평불만 없이 즐거움이 넘치는 어린 시절을 보냈다.

항상 즐거운 마음으로 학교에 다니고 서로가 가족 같은 친근감을 느끼며 학창 시절을 보냈기에 그때 그 시절의 친구들을 잊을 수 없다. 현재 나의 모교는 서울시 중심부의 빌딩 숲에서 아주 호화로운 생활을 하는 후배들이 드나들고 있다.

아무리 빈약한 환경이었지만 어릴 때부터 밥알 하나라도 버리면 안 된다고 부모님께 귀가 따갑게 들어왔다. 음식을 먹을 때면 농부의 땀방울을 생각하며 감사함을 잊지 말아야 하고, 음식을 남기거나 버리면 복이 나간다고 어른들께서 항상 말씀해 주셨다. 지금도 부모님께 들은 사상을 바탕으로 밥 한 알도 버리지 않고 모아서 끓여 먹으며 건강한 삶을 살고 있다.

요즘 우리나라에는 먹고 남아서 버리는 음식 쓰레기가 너무 많이 나와서 걱정하는 모습을 언론에서 자주 접한다. 음식점에서도 얼마든지 먹을 수 있는 음식들을 그냥 버리는 모습을 볼 때 낭비 또한 이만저만이 아닐 것인데 하는 안타까운 마음이다.

어르신들이 피땀 흘려 이뤄놓은 평화로운 세상에서 물질이 소중한지 모르고 흥청망청 살아간다면 반드시 어려운 시절이 돌아올 것은 자명한 일이다. 이제부터라도 모두 절약하며 감사한 마음을 잊지 말고 검소하게 살았으면 한다.

장마철에 되새기는 추억들

43

무덥고 지루한 장마철이다. 새벽부터 갑자기 국지성 폭우가 쏟아지더니 언제 비가 내렸냐는 듯 햇빛이 비친다. 매년 무더운 여름을 맞으면 어릴 때 생활이 생생하게 떠오른다.

내리쬐는 뙤약볕 들판에서 더운 줄 모르고 한없이 뛰어놀다 지치면 흐르는 개울물에 세수하고 나무 밑에서 땀을 식힌다. 조금이라도 더위가 식으면 친구들과 다시 모여 옷이 흠뻑 젖도록 뛰어놀 때의 쾌감은 글로는 표현이 안 된다.

동네 가운데 참나무 그늘은 논밭에서 일하시던 어른들이 잠시 일손을 멈추고 새참을 드시던, 없어서는 안 되는 쉼터였다. 힘든 농사일에 지칠 때면 나뭇가지에 스치는 시원한 바람이 어디서 오는지 알 수는 없지만, 살랑살랑 부는 바람의 시원함이 지금도 그립다.

우리가 살던 곳은 이제는 대도시로 변해서 개울은 사라졌지만, 어릴 적에는 아침에 일어나면 흐르는 물에 세수하고 쌀과 채소를 씻고 개울에서 옷가지와 이불 등을 빨며 서로 웃음꽃을 피우곤 했다. 그때는 개울에서 세수하고 마른 목을 채워도 병균에 대한 근심이 없었다. 오히려 행복을 느끼고 몸도 마음도 건강한 시절이었다.

한여름 매일 비가 내릴 때는 씨 뿌리고 가꾸던 꽃과 나무들이 쏟아지는 빗줄기에 허리가 꺾이고, 뿌리째 뽑히는 경우가 많았다. 그때도 꽃을 좋아했기에 쓰러진 꽃들이 불쌍해서 비를 맞으며 뿌리를 모아 처마 밑에 옮겨 두었다가, 비가 그치면 밭에다 정성껏 심었다. 시간이 흘러 꽃이 다시 살아나는 모습이 너무 신기해서 매일매일 꽃을 보러 밭에 가서 열심히 가꾸다 보니, 어느덧 꽃이 지고 열매를 맺던 모습도 생각난다.

이처럼 나무에 이는 바람과 개울물, 꺾인 꽃을 다시 키워주는 흙과 햇빛은 필요한 이들에게 무조건 베풀어 주며 아름다운 삶을 가르쳐주었다. 또 우리의 영혼까지도 맑게 해 준 것은 흐르는 물소리와 바람 소리 풀벌레 소리 등 자연의 소리였다.

옛날 어린 시절에 아무리 어렵게 살았을지언정 모든 것을 갖추고 풍족하게 사는 요즘보다 자연에 대한 이해와 교감은 더욱 풍부했다. 오늘도 밤새 내리는 빗소리를 즐기며 자연이 주는 혜택에 고마운 마음 고이 간직할 것을 다짐하는 뜻깊은 시간이다.

동지에 피어난 하얀 눈꽃

44

문득 창밖을 보니 펑펑 내리는 눈으로 온 동네가 하얀 꽃으로 아름답게 장식했다. 올 한 해 힘들고 어려웠던 일을 다 덮고 새로운 해를 맞이하라는 깊은 뜻 같다. 물끄러미 바라보고 있자니 오랫동안 지친 마음도 깨끗하게 지워졌다. 산뜻해진 마음으로 두툼한 옷에 장갑을 끼고 뛰어나가 눈사람도 만들고 아이들과 같이 웃으며 놀고 싶은 마음이 가득하지만 마음뿐이다.

하얗게 내리는 눈은 한 해를 마감한다는 의미도 있다. 새해를 맞아 서로 지난 일을 정리하고 새로운 일에 대해 발원하며 덕담을 주고받은 것이 엊그제 같은데 벌써 송구영신(送舊迎新)의 시간이 되었다. 책상 위에 달력도 한 장만이 외롭게 걸려있다. 어느덧 올해 꼭 이루려고 벼르기만 하다가 벌써 해가 바뀌게 되었다. 실행하지 못한 일

들이 머리를 떠나지 않는다.

우리는 하루하루 비슷한 일상을 살아가고 있다. 하루가 모여 한 달이 되고, 한 해가 되어서 마무리를 잘해야 새로운 시작을 할 수 있다.

오늘이 일 년 중에 밤이 제일 길다는 동짓날이다. 동지는 태양이 죽음으로부터 부활하는 경사스러운 날이라서 '작은 설날'이라고도 한다. 그래서 동짓날은 신도님들이 모여서 팥죽을 준비하고 기도를 올린다. 옛날부터 동지 팥죽을 먹어야 한 살을 더 먹는다고 전해 온다. 또 동지 팥죽은 설날 떡국처럼 새해 소원을 비는 음식이라고도 한다.

불교계에서는 동지를 맞아 새해 기도를 시작하며 부처님과 조상님께 팥죽 공양도 올린다. 그리고 지역의 복지관이나 길가에서 동지 팥죽 나눔 행사도 많이 한다. 팥죽을 먹는 이유는 새해에도 건강하고 마음의 잡귀 곧 욕심, 성냄, 어리석음을 물리치라는 의미가 담겨 있다.

결국 삼독심(三毒心)을 모두 버려야 행복하다는 것이다.

우리가 신앙생활을 하는 이유는 서로가 행복하게 살아가기 위해서다. 행복하게 살아가려면 사람과 사람 사이에 따스한 정을 느끼고 나누어야 한다. 서로 나눔이 없다면 행복을 만나기 어렵기 때문이다.

우리들의 제일 좋은 기쁨과 소유는 무엇인지 궁금해 하는 이들이 많다. 부처님께서는 "가장 귀한 소유는 신뢰이고 최상의 기쁨은 도를 따르는 것이며, 지속적인 즐거움은 통찰력을 지니는 것이니라."라고 말씀하셨다.

동지 설을 맞아 그동안의 아픔은 하얀 눈으로 덮고 신뢰와 베풂으로 행복이 가득하기를 발원한다.

쉼 없이 달려가는 인생

45

올해의 마지막 달을 맞으며 왠지 아쉬움이 더하고 아직도 해야 할 일들이 떠나질 않는다. 안타까운 마음을 달래며 창가에 비치는 달빛과 눈 맞추며 '인생 여행'이라는 자작시를 낭송하는 순간 공연히 마음이 울컥해진다.

인생 여행
바람 날개 기대어
흘러가는 구름에
세월 속 사연을 싣고

공허한 마음자리
다독이며 달린다
창문 밖에 비치는

희로애락의 풍경
꽃 날개 흩날리며 쉼 없이
활기찬 내일을 향한다
내릴 수도 멈출 수도 없는 여행
우리들의 인생 여행

그토록 중요한 순간순간의 생각들은 어느덧 구름 따라 멀리 떠나감에 아무리 불러도 다시 돌아오지 않는다. 오늘 한 생각이 일주일을 만들고 그 일주일이 한 달을 만들다 보면 일 년을 만들게 된다. 넓게는 나의 일생을 만들고 운명이 만들어진다.

"모든 일은 마음이 근본이라."라는 『법구경』의 말씀이 있다. 누구나 새해를 맞으면 무엇인가 멋진 일을 열어가고자 희망을 품고 출발한다. 그런데도 안타까움과 아쉬움이 떠나가지 않는다. 내년만큼은 후회 없이 웃으면서 12월을 맞을 각오로 멋진 여행을 떠나려 한다.

인생과 같이 식물도 춘하추동을 거치면서 변화를 준다. 봄날 곱게 단장한 연초록의 새싹들이 가슴을 적시며 여름을 맞는다. 어느덧 고개를 내미는 꽃들의 향연에 마음을 나누며 펼치는 장엄이 바로 행복을 나타낸다. 그토록 고운 꽃과 단풍도 자신을 내려놓고 낙엽 되어 휘날리며 본래의 자리인 흙으로 돌아가는 모습이 그들의 여행을 마무리하는 의미다.

온 세계를 위협하는 코로나로 이웃을 멀리하면서 비대면으로 우리의 삶을 한없이 불편하게 변화시켰다. 코로나는 공동체의 청정을 훼손해 왔던 우리 모두의 삶과 생활에서 비롯된 것임을 깊이 성찰하며 하루빨리 코로나가 잠식되기를 오늘도 기원한다.

쉼 없이 흘러가는 우리 인생, 실타래같이 얽히고설켰던 마음의 모든 번뇌를 내려놓으며 앞으로는 활기차고 영화로운 멋진 인생 여행을 기약한다.

은혜를 갚는 삶의 실천

46

우리의 삶을 둘러싸고 있는 모든 것은 참으로 귀중하고 아름다운 것들이다. 한 송이의 꽃에도 심오한 기운이 깃들어 있듯이, 한 사람의 삶에도 헤아릴 수 없는 감사의 마음이 쌓여 행복한 삶이 이루어진다.

나는 우연한 기회에 수어(手語)를 배우며 청각장애인들과 인연이 닿았다. 수어는 청각장애인들의 언어이다. 수어를 배우기 전에는 말을 못 하고 듣지 못하는 청각장애인들의 아픔에 대해 생각을 못 했다.

물론 내가 하고 싶은 말을 하고 누군가의 말을 들으며 함께 소통할 수 있다는 감사함도 느낄 수 없었다. 그때까지도 사람이 말하고 듣는 것은 당연하다고 생각했다. 꾸준한 교육으로 장애인과 소통하면서 그들을 이해하게 되었고, 내가 하고 싶은 말을 하고 들을 수 있다는 것에 깊은 감사를 느끼며 사회복지를 전공했다.

사찰을 복지 실천의 장으로 변경하고 사회복지법인을 설립하여 30여 년간 변함없이 함께하고 있다. 신도들이 사용하던 강의실을 장애인 직업 재활시설로 등록하여 발달장애인들이 매일 출근하여 열심히 일하고 있다.

그들의 부모님들은 자식의 장애로 아픔도 있었지만, 자식이 사회 현장에서 떳떳하게 활동하는 모습에 감사하다는 말을 전할 때마다 전공을 잘 택한 것 같아 보람을 느낀다.

광림사에는 장애인들이 쉽게 드나들며 기도할 수 있도록 신행 공간이 마련되어 있고 책꽂이에는 점자 경전 및 수어책이 가득 진열되어 있다. 올해도 새해를 멋지게 열어가기를 발원하는 불심(佛心)으로 멀고 가까움에 관계없이 신년 법회를 봉행했다.

멀리 강원도 춘천에서도 새해 법우들과 신행 활동에 법담을 나누고 싶어 동참하신 분이 있어 큰 박수로 환영했다. 지체장애인과 시각장애인들은 혼자서 이동하기 어려우므로 봉사자의 손을 잡고 법회에 참석한다. 청각장애인들은 혼자서도 사찰에 마음대로 드나들 수 있으나, 법문의 소리를 듣기 어려우므로 수어로 통역해 주어야 이해할 수 있다.

우리 장애 식구들은 항상 자신을 위해 봉사해 주는 분들께 감사함을 가슴 깊이 간직하며, 부처님 은혜에 보답하기 위하여 더욱 열심히 정진하고 있다. 자신의 장애로 고통스럽다는 말보다 깊은 신심으로 긍정적인 삶을 살아간다는 말을 들을 때, 우리는 따뜻한 가슴속으로 감사의 마음을 전한다.

사람이 살아가는 데는 많은 은혜(恩惠: 사랑으로 베풀어 주는 신세나 혜택)가 있다. 우리 서로 감사를 알고 은혜를 갚는 노력으로 자신의 영역을 넓히고 자신을 더욱 복되게 하는 실천을 한다면 멋진 삶의 복전이 될 것이다. 『대장엄론경(大莊嚴論經)』을 보자.

> "신심이라는 보물을 가진 이는 세세생생토록 인간과 하늘 가운데 태어나 재물을 마음대로 할 것이다. 그러므로 신심이 제일가는 보배로다."

계산을 하며 대가를 바라는 일은

47

아침에 공원을 걷다가 푸른 잎새의 싱그러움에 취해서 잠시 휴식을 취하고 있는데 지나가시던 분이 잠시 대화하고 싶다며 가까이 앉았다. 불자로서 스님을 만나서 반갑다고 합장하더니 가족들과의 갈등으로 마음이 너무 아프다고 넋두리를 시작했다.

자신이 세상에서 복이 제일 적은 사람이라며 자책하더니 잘 살 수 있는 방법을 가르쳐달라고 했다.

부모는 나에게 남겨준 재산도 없고 자식은 풍족히 살면서 자신에게는 신경도 쓰지 않는다고 한다. 가끔 서운해서 아들에게 말하면 내가 땀 흘리며 모은 재산이라며 오히려 특별히 해준 게 뭐냐며 따져 물을 때는 너무 억울한 마음 참을 수가 없다고 한다.

그는 자식을 기르며 행복보다 고생만 했다며 사사건

건 계산하며 언젠가는 받아야 한다는 생각으로 가득 차 있었다. 인생을 살아가면서 덧셈 뺄셈으로 계산하며 대가를 바란다면 미움과 분노 갈등과 불안으로 불행할 수밖에 없다.

지금부터라도 내 가족이 되어서 고맙고 잘해주지 못해서 미안하다는 생각으로 바꾸어보라고 했다. 불안한 마음의 치유는 상대방이 아닌 나의 마음을 바꾸면 그 순간 정리된다고 말했다.

우리가 행복한 삶을 살아가는 방법은 쉬운데 실천하기는 어렵다. 그동안 가족이나 누구를 위해 희생했다는 생각을 버려야 한다. 희생했다는 생각은 언젠가 나에게 무언가를 주고받을 거라는 마음이 박혀있기 때문이다.

그토록 기다리던 것이 나에게 돌아오지 않을 때는 힘들고 괴로울 뿐이다. 항상 고맙고 사랑하기에 미안한 마음으로 살아가면 과거와는 확연히 다른 새로운 자신을 만날 수 있다.

오늘, 이 순간부터라도 그 대가를 바라는 계산을 하지 말고 자기 삶에 기틀이 되어준 모든 은혜에 감사한 마음을 잊지 말아야 한다. 나에게 주어진 모든 일에 최선을 다하며 긍정적인 마음으로 사는 것이 불안과 갈등을 해소하는 특효약이다.

시들지 않는 꽃동산

48

푸른 하늘을 수놓던 노란 은행잎이 바람에 흩날리고 뒤뜰에서 황금 옷으로 마음껏 뽐내던 해바라기도 씨를 품은 채 고개 숙이고 시간이 흐르는 것에 대해 깊이 생각하고 있는 듯하다.

나무들은 봄이 오면 꽃을 피우고 겨울이 오면 옷을 벗고 모든 것을 내려놓는다. 낙엽은 세월에 물러서지 않고 봄에 피울 싹을 기다리며 내일을 꿈꾼다.

나는 꽃을 좋아해서 항상 마음에 꽃을 담고 싶어 보존화(preserved flower) 세계 명인 이은희님께 배우며 활동하고 있다. 보존화는 싱그러운 풀이나 활짝 핀 꽃을 거두어서 아름다운 모습을 그대로 혹은 나만의 색을 더해서 보존할 수 있도록 특수 보존액으로 약품 처리한 것이다. 완성하면 생화 상태 그대로 변하지 않고 더 이상 물도 필요 없는 신기한 꽃이 된다.

우리 회원들은 보존화 작품을 만들기 위해서 여름이 되면 들판에 나가서 강아지풀이나 방동사니 등 우리 풀을 채집하여 예쁘게 염색하고 많은 작품을 만들어서 전시하고 생활용품을 제작하고 있다.

들판에 널브러진 들풀을 채집하면서 마르기 직전의 꽃을 보면서 미안하다고 말하고, 가을 서리에 마치는 생명을 나의 손을 거쳐 오래도록 아름답게 바꾸어 주겠다고 약속한다.

풀잎이 여기저기 왕성하게 피고 있을 때는 청각장애인 친구들과 직원들도 함께 들에 나와 채집을 도와주고 있다. 나는 고마운 마음으로 예쁘게 염색하여 멋진 상품으로 보답한다.

올가을은 유독 바쁘다는 핑계로 전국에서 실시하는 꽃 축제에 가지 못한 아쉬움을 달래며, 곱디고운 보존화로 한 폭의 액자 속에 꽃동산을 만들면서 시 한 편을 적어본다.

금빛 노을 동산

꽃향기 가슴에 안고 푸르던 잎새
가을 햇살과 벗하며 노을 닮은 고운 옷 갈아입고
애절한 설렘으로 마음 전한다.

달콤한 그 향기 메아리치니
앞뜰을 가득 채운 어여쁜 꽃들
미소로 반겨준다.

꽃처럼 고운 마음 포근히 안기니
소리 없이 다가오는 영원한 사랑
가슴속에 환하게 파도친다.

시들지 않는 꽃으로 수놓
은 금빛 노을 동산
그 모습 그대로 자신에
만족하며
보존화처럼 욕심 없
는 삶 열어가고 싶다.

존중과 사랑이 필요한 지금

49

며칠 전부터 봄을 시작하는 따사로운 햇살과 바람에 몸도 마음도 생동감 넘치는 하루하루였다. 하지만 갑자기 몰려온 꽃샘추위가 겨울보다 더더욱 강한 칼바람으로 몸과 마음이 꽁꽁 얼어붙는 듯 춥더니 그만큼 세상도 시끌벅적하다.

추운 겨울보다 더 추운 것은 대통령이 되겠다며, 하루 종일 서로를 비방하고 대립하는 후보자들의 모습이다. 너와 내가 둘이 아닌 모두가 행복한 삶의 터전을 만들어야 한다는 마음으로 앞만 보고 달려온 우리를 더욱 슬프게 한다.

국가의 최고가 되어 나라를 다스리겠다는 후보들이 왜 상대를 무너뜨리고 자신만이 대통령이 되어야 한다는 경쟁적인 사고로 과열되어야 하는지 궁금하다. 이들은 나라를 위해 헌신하기보다는 소유하고 지배하려는 욕심만 가득해서 사회를 전쟁터로 만들고 국민을 혼란에 빠뜨리고 있다.

최고의 지도자를 꿈꾸면서 오직 상대들의 틀린 것만 찾아내려 하는 교만한 마음과 욕심을 버리지 못하면서 어떻게 나라를 이끌어갈지 의문도 생긴다.

> "모든 생명은 즐거움을 즐기나니 그것을 때리거나 죽임으로써 그 속에 즐거움을 찾는 사람은 세상의 즐거움을 얻지 못한다."

『법구경』에 나온 부처님 말씀이다. 다른 이들의 생명을 존중할 줄 아는 사람만이 자기의 생명을 존중할 줄 알 것이며, 자비를 베풀고 사랑을 가르칠 수 있다는 내용이다. 즉 우리에게 생명에 대한 존중과 사랑이 없다면 거기에는 대립과 투쟁만이 있을 뿐이라는 메시지를 전한다.

국가와 국민을 사랑하며 멋진 세상을 만드는 비결은 제일 먼저 욕심을 버리고 헌신과 희생하는 마음이 앞장서는 것이다. 그리고 모순을 조화로 대립을 협동으로 승화시키며 평화적 공생 공존의 삶을 열어가야 한다. 후보들에게 바람이 있다면 결국 내가 있으므로 네가 있는 것이 아니라, 네가 있으므로 내가 있다는 이타사상(利他思想)을 실천하여 살기 좋은 우리나라를 만들어 주기를 발원한다.

4부

자연

물처럼
바람처럼

추위를 녹이고 피어나는 꽃은
아픈 고행을 넘어 봄이라는 깨달음의
경지에 도달할 수 있다는
행복한 삶의 가르침을 안겨준다.

수행하는 매화

50

꽃샘추위가 오랫동안 기승을 부린다. 연못에는 꽁꽁 얼어붙은 얼음이 집을 지키고 경칩이 되자 개울가 차가운 얼음 속에서 버들강아지가 보송보송한 푹푹한 옷을 자랑하며 추위를 물리치는 모습이다.

햇살이 비추는 양지쪽에는 낙엽 밑에 숨어있던 새싹이 눈을 비비고 일어나 깊은 겨울잠에서 깨어나자마자 몸부림치듯 봄이 빨리 와주기를 기다리며, 마지막까지 있는 힘을 다하고 있다.

이제 봄이 왔다는 것을 알려주는 매화는 엄동설한을 이겨내고 추위에 제일 먼저 꽃망울을 터뜨린다. 언제부터인가 매화꽃이 우리 인생을 보여주는 것 같아 친근감을 느끼며 좋아하게 되었다. 남쪽 지방에서부터 올라오는 매화꽃을 기다리기 어려워 바쁜 일정을 뒤로하고 콧

노래를 부르며 매화를 만나러 지리산으로 달려갔다. 산길을 돌아서 암자에 도착하니 매화가 도반보다 먼저 손짓하며 반겨준다.

추운 겨울에도 스님들의 염불 소리와 목탁 소리를 들으며 고운 꽃망울을 피우기 위해 열심히 수행하면서 피어난 모습, 여린 매화는 법당을 지키면서도 춥고 힘들 때는 이 법당의 향냄새로 스스로 달랜 듯하다.

우리가 사는 세상을 사바세계, 고통의 바다라고 한다. 이는 삶에 어려움이 생겨도 희망이라는 견고한 뿌리를 내릴 수 있어야 한다는 가르침을 준다. 자신의 희망을 위하여 어려움을 이기고 온 힘으로 정진해야 매화꽃같이 아름다운 인생을 수놓을 수 있다.

모든 잎새가 사라진 앙상한 가지 사이에서 나만의 꽃을 피운 고결한 자태가 마치 수행자와 같이 마음을 고요하게 해 준다. 추워도 툇마루에 걸터앉아 풍경 소리와 벗하며 매화와 맘껏 눈 맞추고 아름다움을 가슴에 차곡차곡 담으며 시를 한 편 적어본다.

수행하는 매화

긴 겨울 묵묵히 수행하는 매화
봄을 여는 바람에 숨 쉬며
터지는 꽃망울 소리

밤새 봉오리를
포옹하는 하얀 눈송이
꽃술 향기에 흐르는 눈물

은은히 들려오는
산사의 풍경 소리
꽃잎에 실려 오는 매화 향

가슴에 걸린 사랑 한 줌
영원히 떠나지 않고
그대 곁에 머무는 그림자.

풍족함에 소중함을 모르는 세상

51

며칠 전 메말랐던 대지에 단비가 잠시 내렸지만 벌써 산과 들에는 짙은 녹색이 완연하다. 가는 곳마다 꽃이 피고 산새들의 날갯짓으로 내 마음도 분주하다.

해마다 봄이 되면 보고 느끼는 자연과 사람들 삶의 모습이 마치 마라톤 선수가 출발을 앞둔 출발점을 연상케 하므로 뭐라고 설명할 수는 없지만, 농사를 시작하기 전의 긴장되는 마음은 자연의 흐름에 민감한 반응을 보이지 않을 수가 없다.

그나마 비가 조금 내려서 안도의 숨은 내쉬었지만, 물이 턱없이 부족하여 전국의 농민들뿐만 아니라, 식수도 마땅치 않아 어려움을 호소하는 곳이 있다고 하니 정말 걱정이 된다. 힘들 때도 있고 편안하게 지낼 때도 있는, 인생지사 새옹지마라고들 하지만 이 또한 오르막 내리

막길을 직접 가야 하니 비록 좋은 말이라 할지라도 힘든 일이 아닐 수 없다.

농번기가 되어도 파종해야 할 만큼의 넉넉한 비가 오지 않으니, 때를 놓쳐 농사를 어떻게 할 방법이 없음에 발만 동동 구르며 한숨 쉬는 농민들은 시름이 깊을 수밖에 없다.

그나마 다행인 것은 지하수를 이용한 비닐하우스 재배가 활성화되어 조금은 위안이 되기도 하지만, 앞으로 한 달 이상 계속 비가 오지 않으면 정말 힘든 상황이 닥칠 수 있어 안타까운 마음이다.

물이 모자라 농사의 어려움뿐만 아니다. 예전에는 가정에서 지하수 펌프가 있어도 함부로 물을 쓰지 않고 필요한 만큼 귀중하게 물을 썼다. 또 동네 우물가에 모여서 서로 바가지로 물을 퍼 빨래도 하고 밥을 하기 위해 물을 퍼서 머리에 지거나 등에 지고 집으로 가던 시대였다.

하지만 요즘은 집에서나 밖에서나 수돗물을 마음대로 사용하기 때문에 그로 인한 물 씀씀이가 헤퍼지고 있다.

꼭지만 돌리면 콸콸 쏟아지는 주방의 물과 화장실, 매일 샤워하는 목욕문화, 손빨래가 아닌 적은 빨래까지 물을 많이 쓰는 세탁기 등 일상적인 생활도 가뭄이 오래 지속되면 정말 안타까운 상황이 될 수 있다. 진지하게 생각해서 우리 모두 물을 아껴 써야 할 때가 아닌가 생각한다.

현재 사는 것이 너무 풍족해서 오히려 풍족함을 모르는 시대에 물의 소중함을 다시 한번 생각해 보자. 우리 모두 한마음 한뜻으로 마음을 모아 미래를 위해서라도 하루빨리 물로 인한 시름을 덜고, 우리 후손들의 삶을 위해서 사소한 것조차 아끼고 소중하게 여겨야 한다.

자연을 닮은 삶을 꿈꾸며

52

높고 푸른 하늘과 따사로운 햇살에 가로수마다 잎사귀들은 노란 연둣빛 옷으로 갈아입고 바람에 춤을 추고 있다. 나도 새 옷을 걸쳐 입고 어디론가 떠나고 싶은 유혹을 물리치기 어려울 만큼, 내 마음을 읽었는지 멀리 있는 친한 도반스님이 연락이 왔다.

도반스님 절에 행사가 있어서 찬불가요 공연자로 초대하고 싶다고 한다. 나는 생각할 여유도 없이 행사에 참석하고픈 설레는 마음을 담아 꼭 참석해서 자리를 빛내겠다고 신나서 대답했다. 며칠 동안 들뜬 마음으로 행사를 기다렸다.

드디어 다가온 날짜에 새벽 기도를 바치고 바로 출발했다. 새벽에 전세를 낸 것 같은 뻥 뚫린 고속도로는 그동안 막힌 체증까지 뚫리는 기분으로 콧노래가 저절로 나오고 신났다.

아침 햇살이 비치기 시작하니 노랗게 익어 고개 숙인 들판이 보이기 시작했다. 산기슭에는 곱게 핀 들국화와 은빛 억새도 바람에 흩날리며 즐거워하는 모습이다. 산과 들판에 펼쳐진 환상적인 자연의 향기가 그동안 지친 내 마음을 어루만져 주었다.

청풍호에 피어오르는 물안개와 산자락을 휘감는 하얀 운무가 손짓하며 반겨주기에 그냥 지나칠 수가 없었다. 오랜만에 물안개와 운무를 보니 "어머머 아름다워라." 하는 소리가 저절로 새어 나왔다.

한적한 곳에 차를 세우고 창밖을 한참 바라보다가 지난날 추억을 떠올리며 김종환의 "사랑을 위하여" 노래를 수어로 부르며 물안개 속에 담긴 사랑을 한 아름 안고 신나게 도반스님 절로 달렸다.

사찰로 들어가는 길목에는 주렁주렁 달린 사과들이 곱게 수놓고 손님을 기다리고 있었다. 이른 아침 시간에도 맛있는 사과를 고르는 할아버지 할머니가 사과를 담으며 행복해하시는 모습에 그냥 지나칠 수 없어서 사과 몇 박스 사서 도반에게 선물했다.

산과 들에 펼쳐진 가을 풍경은 마음의 양식이 되어 가

슴 속에 차곡차곡 저장했다. 아무런 대가를 바라지 않고 누구에게라도 차별 없이 아름다움을 전달해 주는 자연의 진리를 배웠다.

차茶 한잔과 인생 철학

53

따뜻한 햇살을 받으며 곱게 피어난 벚꽃이 바람에 살랑 살랑 가지를 흔들며 길 가는 사람들을 반긴다. 사람들은 눈처럼 흩날리는 벚꽃 잎 사이에 아름다운 마음을 가득 품고 즐긴다. 그중에 커피를 손에 들고 연인들과 눈을 마주치며 대화를 나누는 모습도 꽃과 잘 어울린다.

요즘은 많은 이들이 때와 장소에 상관없이 커피와 차를 즐긴다. 예전에는 깊은 산사에서나 맛볼 수 있는 전통차도 일상에서 많이 접할 수 있는 차 문화로 많이 발전했다.

며칠 전 초등학교 친구가 사찰의 전통차를 마시고 싶다고 찾아와서 지리산 작설차를 마시며 순수했던 동심의 추억을 꽃피웠다. 또 차(茶)가 전해주는 마음가짐과 차를 만드는 과정도 설명하는 기회가 되었다.

우리가 쉽게 마시는 차를 만들기 위해서는 햇살과 바람 등 자연의 도움과 농부의 땀방울로 차의 새싹을 틔워야 한다. 그 찻잎을 소중하게 따서 뜨거운 가마솥에 넣고 아홉 번을 덖으며 고온으로 수분을 말리고 건조하는데, 그윽한 향을 그대로 가진 차는 덖는 과정을 통해서 맛이 더 깊어진다고 말했다.

이처럼 땀 흘리는 시간과 쇠처럼 나를 달구고 단련하는 시간을 경험한 사람 역시 더 깊어지고 넓어지게 된다. 곧 차를 덖는 과정은 인생의 깊은 철학을 되새기는 기회라며, 우리도 이 차와 같이 만인에게 감사함의 존재가 되자며 새로운 삶을 설계하기도 했다.

우리가 누군가에게 차를 대접할 때는 일기일회(一期一會)를 기억해야 한다. 그 뜻은 누구를 만나더라도 일생에 단 한 번만 귀하게 볼 수 있다는 생각으로 성의를 다해야 한다는 뜻이다.

지금 내 곁에 있는 모든 이들에게 최선을 다하고, 서로가 인생의 주인공이라는 마음으로 그윽한 차를 즐기듯 인생을 가장 맛있게 음미하는 삶을 열어가기를 다짐하는 좋은 시간이었다.

가을이 오는 소리

54

오랫동안 장식한 초록의 싱그러움이 어느새 더위를 등지고 노을 담은 잎새가 그림으로 수놓는 가을의 문이 열리고 있다. 가을은 풍족함을 주기도 하지만 산들바람이 고요한 마음을 흔들어 놓기도 한다.

지금까지 바쁘게 하던 일을 미루고 혼자서 어디론가 떠나고 싶은 마음이 유혹한다. 갑자기 산사의 가을 풍경 소리와 풀벌레 소리가 그립다. 잠시 망설이며 주위를 둘러보니 점심시간이라 사무실에는 아무도 없었다.

나는 이 순간 바로 배낭만 둘러메고 출발했다. 달리는 길가에 가을을 맞아 새 옷을 갈아입는 나뭇잎과 예쁘게 피어난 코스모스와 들국화가 바람에 손짓하며 나를 반기는 듯하여 기분이 너무 좋았다.

굽이굽이 산길을 돌고 돌아 사찰에 도착하니 가을 국

화 전시회를 하는 날이라 예쁘게 장식한 국화꽃이 법당 앞마당에 가득했다. 무작정 달려왔는데 내가 좋아하는 국화꽃들이 나를 기다렸다는 듯이 반겨주었다.

법당 처마 밑에서 울리는 풍경 소리와 어울리는 국화를 보는 순간 서정주 시인의 「국화 옆에서」가 떠올랐다. 바람에 흔들리는 풍경 소리도 국화 향에 취해 누님을 기다리는 듯했다. 그 소리에 맞추어 「국화 옆에서」를 계속 낭송하며 오랜 시간 함께했다.

이 시는 불교의 무진법문을 담고 있어서 친근감을 느끼며 예전부터 좋아했다. 봄부터 울어대는 소쩍새와 천둥, 그리고 찬 서리를 이겨야만 누님같이 예쁜 국화꽃 한 송이를 피울 수 있다는 불교의 윤회 사상이다.

사람도 역시 성취의 꽃을 피우기 위해서는 어떠한 어려움도 참고 견디며 열심히 노력해야 한다는 가르침을 되새기는 뜻깊은 시간이었다.

국화 옆에서

서정주

한 송이의 국화꽃을 피우기 위해
봄부터 소쩍새는 그렇게 울었나 보다
한 송이의 국화꽃을 피우기 위해
천둥은 먹구름 속에서
또 그렇게 울었나 보다

그립고 아쉬움에 가슴 조이며
머 언 젊음의 뒤안길에서
이제는 돌아와
거울 앞에 선 내 누님같이 생긴 꽃이여

노오란 네 꽃잎이 피려고
간밤엔 무서리가 저리 내리고
내게는 잠도 오지 않았나 보다.

눈 속에 피어난 개나리꽃

55

입춘이 지났는데 지방에는 아직도 함박눈이 내리고 꽃샘 추위가 기승을 부린다고 한다. 오랜 시간 빌딩 숲에서 생활하면서 봄을 맞이하는 산이 궁금하여 무작정 달리다가 잠깐 차를 멈추고 산길을 걸었다. 산을 오르는 순간 마음이 맑아짐은 물론이고, 자연의 진리를 느낄 수 있었다.

입춘에 겨울 옷을 벗자마자 갑자기 내린 함박눈으로 추위에 떨고 있었다. 꽃피는 춘삼월이라는데 새 옷을 입으려고 꿈틀거리는 모습도 볼 수가 없고 추위에 한껏 움츠린 모습이었다.

오랜 시간 빈 가지로 묵묵히 서 있는 나무들을 접하며 삶의 무상함을 느낀다. 나 자신도 떨쳐버릴 것이 없는지 되돌아본다.

언론에서 남보다 많은 것을 차지하려고 서로 미워하

고 시기하면서 상대방의 약점을 들추며 비방하는 사람들을 자주 접한다. 결국 푸르던 나뭇잎이 낙엽이 되어 흙으로 돌아가듯이 우리도 때가 되면 모든 것을 내려놓고 어디론가 떠나게 된다. 무엇을 얼마나 더 움켜쥐려고 바둥거리며 살아가는지. 부끄러운 마음에 고개를 숙이고 불규칙한 들숨 날숨으로 마음을 가다듬어 본다.

이곳은 아직도 추위가 가시지 않은 그늘이다. 잠깐 몸을 녹이기 위해 자리를 옮겨 햇살을 따라가 보니 고운 개나리꽃이 활짝 피었다. 반갑게 눈 맞추는 순간 고운 색의 아름다움보다 혹독한 추위를 어떻게 견디고 피어났을지 하는 생각에, 나 자신의 삶을 돌아보게 된다. 누구나 고통 없이는 살아갈 수 없는 세상이다.

생로병사의 고통은 물론이고 사랑하는 사람과 헤어져야 하고, 미운 사람도 만나야 하고, 내가 얻고자 해도 얻을 수 없는 고통 등 우리 주위에는 많은 고통이 존재한다. 그렇지만, 고통도 자신이 마음먹기에 달린 것이다.

추위를 녹이고 피어나는 꽃은 아픈 고행을 넘어 봄이라는 깨달음의 경지에 도달할 수 있다는 행복한 삶의 가르침을 안겨준다. 추위를 이기며 햇살에 곱게 피어난 개나리꽃이 시 한 편을 열어주었다.

눈 속에 피어난 개나리꽃

추운 겨울 찬바람 안고
숲에 숨어

햇살의 유혹으로
곱게 피어난 노란 개나리꽃

먹구름 타고 놀던 흰 눈도
반갑게 내려앉아 포옹한다

오랜 시간 두고 간 정 추위도 녹이고
봄 향기 기다리며 속삭이는 사랑.

대가를 바라지 않는 자연의 고마움

56

삼복(三伏)더위가 기승을 부리니 가만히 있어도 땀이 줄줄 흐른다. 이곳 빌딩의 실내 온도가 보통 35℃를 넘는 상황이니 에어컨이 없으면 생활하기가 어려운 실정이다. 삼복은 1년 중 가장 더운 기간으로 7~8월에 초복, 중복, 말복을 포함한다.

복날의 복(伏) 자는 '엎드릴 복'으로 사람이 개처럼 엎드려 있다는 형상이다. 가을의 기운이 대지로 내려오다가 아직 여름철 더운 기운이 강렬해서 일어서지 못하고 엎드려 복종한다는 의미라고 한다. 여름의 기운에 가을의 기운이 세 번 굴복한다고 해서 삼복이라고 전해진다.

도시의 빌딩에서 생활하는 우리는 누구보다도 에어컨과 선풍기 바람에 의지하며 항상 곁에 두고 있다. 매일 직업재활원에 출근하는 장애인들도 도착하는 즉시 인사는 잠시 뒤로 미루고 제일 먼저 에어컨 앞으로 가서 눈맞춤하며 땀을 식힌다.

에어컨에서 나오는 시원한 바람의 고마움은 잠시도 잊을 수가 없다. 낮에는 물론이고 밤에도 열대야로 인해서 많은 이들이 밤잠을 설치고, 피곤을 피하려고 늦은 밤 가족끼리 텐트를 준비해 강가로 나가는 이들도 많다고 한다.

삼복더위를 이기려면 잠시라도 마음을 돌릴 수 있어야 한다. 자연의 산물인 각종 나무와 아름다운 꽃들을 생각해 보자.

돌과 나무, 물과 흙, 그리고 바람, 태양 같은 자연은 우리에게 대가도 바라지 않고 평화로움과 안온함을 안겨주며 무언가의 진리를 전달한다. "색도 좋고 향기도 좋은 꽃이 있듯이 좋은 일을 실천하면 반드시 좋은 결과를 얻게 된다."라고 부처님께서 말씀하셨다.

아름다운 만남은 우리에게 소중한 삶을 열어준다. 너무 덥다고 힘들다는 생각만 하지 말고 누군가와 마주 보고 미소 지으며 서로에게 기댈 수 있는, 그런 시간이 필요하다.

더운 날일수록 시원한 마음으로 가슴을 활짝 열고 자

신을 돌아보며 자연이 주는 법문을 되새겨보자. 곁에 있는 분들이 가장 가까운 분들이다. 시원한 마음으로 아픔과 기쁨을 함께 나눈다면 삼복더위는 우리 곁에서 멀리 떠나게 될 것이다.

아카시아꽃에 스치는 바람

57

봄꽃들의 잔치가 시들해지는 요즘 길거리에 하얀 아카시아꽃이 산들바람 타고 그윽한 향기로 다가와서 한 폭의 옛 추억을 그린다. 어릴 때 아카시아 꽃이 피면 학교 가던 길도 멈추고 친구와 꽃을 따서 맛있게 먹다가 지각해서 선생님께 야단을 맞았던 생각이 난다.

하얗게 피어나는 꽃 송이송이 한 움큼 먹으면 입 안에 달콤한 맛과 향이 가득 채워지는 포만감은 무엇이라 표현할 수 없었다. 그때는 꽃의 아름다움은 모르고 맛에 취해 입이 즐거웠던 시절이었기에 그 맛은 지금도 잊히지 않는다.

오늘도 길가 옆에 피어오른 흰 꽃을 보니 동요 「과수원 길」이 떠오른다.

“동구 밖 과수원 길 아카시아 꽃이 활짝 피었네
하이얀 꽃 이파리 눈송이처럼 날리네
향긋한 꽃냄새가 실바람 타고 솔솔
둘이서 말이 없네 얼굴 마주 보며 쌩긋
아카시아꽃 하얗게 핀 먼 옛날의 과수원길“

친구들과 두 손을 잡고 흔들면서 즐겨 부르던 노래를 흥얼거리던 모습, 옛 고향 그때 그 친구들이 더욱 보고 싶어진다.

아카시아 꽃송이는 참으로 신기하게 생겼다. 한 줄기에 많은 꽃이 주렁주렁 매달린 모습이 왠지 깊은 의미가 있을 것 같다. 하나하나 모여서 또 하나를 나타내며 또 우리 모두 하나 됨을 일깨워 주는 듯하다.

온몸에 하얀 꽃을 피우며 자신만의 향기를 남에게 전하는 것이 사람보다 더 많은 자비행을 실천하는 고마운 꽃이다.

꽃들은 저마다 자기만의 특성을 보이고 그때 그 자리에서 최선을 다해 피어나며 다른 꽃과 비교하지 않는다. 꽃도 사람과 같이 남과 비교하면 열등감과 시기심, 혹은 우월감이 생길 것이다. 비교하지 않고 자신의 특성대로 제 모습을 지닐 때 그 꽃은 순수하게 존재하게 된다.

우리가 살아가는 고달픈 사바세계에 만약 꽃이 없었다면 우리들의 아픔을 무엇으로 달랠 수 있었을까 싶다. 꽃은 단순히 눈을 아름답게 하는 것만이 아니다. 서로 어울려 함께 살아가며 향기롭고 부드러운 삶을 열어가라는 의미도 느낄 수 있다. 우리들의 참 좋은 이웃이라 할 수 있다.

이처럼 꽃은 생명의 신비와 아름다움과 조화를 이루어 인간에게 끝없이 봉사하며 깨우침을 주는 고마운 존재이다.

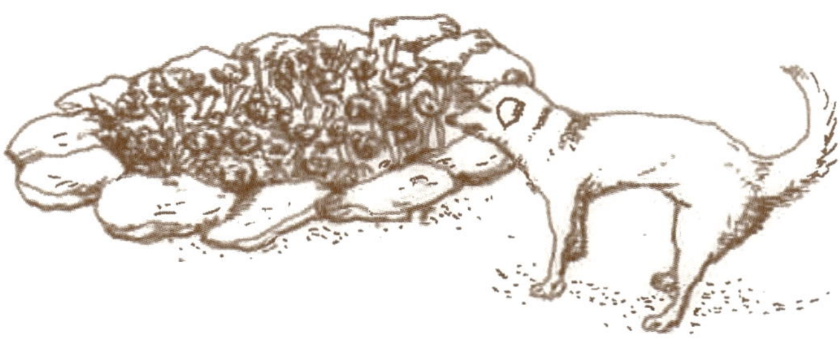

입가의 미소가 필요한 이유

58

가을이 오는 길목에 유난히 비가 많이 내린다. 청정하던 하늘에 갑자기 먹구름이 끼더니 비가 하루 종일 추적추적 내려 마음이 울적하다. 가을비는 스산한 바람과 함께 기온이 내려가서 익어가는 곡식과 과일에 도움이 되지 않는다.

뉴스에서 농부들이 안타까워하는 모습을 보니 나도 마음이 아파서 달려가 손잡고 위로해 주고 싶은 마음 가득하다. 제발 창밖에 비가 빨리 멈추기를 기다리는 순간 공연히 화가 나고 하늘을 원망하게 된다.

화를 내는 것은 자신에게 아무런 이득이 없다. 사람들은 대부분 자신이 땀 흘려 노력한 것보다 결과가 더 좋기를 원한다. 일이 생각대로 되지 않으면 화를 내며 불평불만을 한다. 그러면서 지금 자신이 당하는 고통이 다른 사람 때문이라며 푸념하며 괴로워한다. 가장 쉬운 예로 오랜만에 가족이나 친구들과 여행 날짜를 잡고 손꼽아 기다렸는데, 여행 당일에 비가 내린다고 화를 내도 비는 그치지 않는다.

행복을 갈구하면서도 화를 안고 살아가는 이들이 많다. 화내는 마음은 우리들의 행복한 삶을 방해하는 큰 자리를 차지한다. 서로가 이해하고 용서해야만 화낼 일이 생기지 않는다는 것을 알고 있으면서도 쉽게 실천되지 않는다.

세상을 살아가면서 어려움이 있는 것은 과거에 좋은 씨앗을 뿌리지 않은 결과라고 자신을 돌아볼 수 있어야 한다. 작은 것이라도 이웃과 나누고 미소를 보내고, 덕담하는 노력을 기울여야 행복을 만날 수 있다.

이제부터라도 마음속에 화를 지워버리고 입가에 피어나는 웃음이 떠나지 않는 행복한 시간을 만들기 위해 노력해야 한다.

삶이란

삶이란 무어냐고
마음에게 물어보니
마음은 아름다운 미소
기쁨과 슬픔의 연속이라 말하네

함박눈을 맞으며
뿌리가 얼고 쓰러져도
다시 일어나는 꽃 한송이

소리 없이 떨어져도
슬픈 눈물 보이지 않는
바람같은 꽃잎

시절인연 기다리며
자신만의 꽃을 피우며
고향으로 돌아가는
내 인생의 꽃이여!

지금 이순간
기쁨은 기쁨대로
슬픔은 슬픔대로
숱한 번뇌와 유혹에도
흔들림 없는 마음과 마음
인생의 보약을 마시며
오늘도 바람에 흔들리는
꽃잎이 된다.

해성스님

대한불교 조계종 광림사 주지

사회복지법인 연화원 대표

2017년 시와 수상 문학 시 부문 신인상 수상

2020년 시와 수상 문학 시 부문 문학상 수상

2023년 시와 수상 문학 수필 문학상 수상

한국문인협회 회원

국립국어원 불교 수화 편찬위원

한국음악저작권협회 작사 회원

한국음반산업협회 회원

한국음반실연자협회 회원

저서: 하얀 고무신, 어머니의 풍경 소리, 오늘 내 마음이 듣고 싶은 말, 행복의 나루터, 자비의 수화 교실, 불교 수화 용어집

음반: 소리의 향기 찬불가요 음반 4집, 붓다의 향기 나무아미타불 관세음 보살 등 정근송 4집